AF532832

PETER J. GROB · ZÜRCHER «NEEDLE-PARK»

PETER J. GROB

ZÜRCHER «NEEDLE-PARK»

EIN STÜCK DROGENGESCHICHTE UND -POLITIK, 1968–2008

MIT FOTOS VON GERTRUD VOGLER

Unter Mitarbeit der anderen verantwortlichen Vertreter der Trägerinstitutionen des Zürcher Interventions-Pilotprojekts für Drogenabhängige gegen Aids (Zipp-Aids)

Lotti Pfister, Leiterin des Schweizerischen Roten Kreuzes, Kanton Zürich
Werner Fuchs und Ambros Uchtenhagen (Direktor), Sozialpsychiatrischer Dienst der Psychiatrischen Universitätsklinik, Zürich
Rainer Hornung, Robert Steffen und Felix Gutzwiller (Direktor), Institut für Sozial- und Präventivmedizin der Universität Zürich
Alfred Studer, Erich Schönauer, Claude Bossy und Albert Wettstein (Stadtarzt), Stadtärztlicher Dienst des Gesundheitsdepartements der Stadt Zürich

Unter Mitwirkung von Daniel Meili, ehemaliger Chefarzt der Arbeitsgemeinschaft für risikoarmen Umgang mit Drogen (Arud) in Zürich

Mit finanzieller Unterstützung durch:
Bundesamt für Gesundheit
Universität Zürich, im Namen der beteiligten Institute und Abteilungen
Stadtärztlicher Dienst der Stadt Zürich
Schweizerisches Rotes Kreuz, Kanton Zürich
Arud Zürich
Institut für Sucht- und Gesundheitsforschung, Zürich

Informationen zum Verlagsprogramm
www.chronos-verlag.ch

Umschlag und Gestaltungskonzept: Thea Sautter, Zürich

3. Auflage 2018
ISBN 978-3-0340-0968-3

INHALTSVERZEICHNIS

Platzspitz-Zipp-Haus: November 1988 bis Februar 1992

Umgetauscht:	7,4 Millionen Spritzen-und-Nadel-Sets
Abgegeben:	2,8 Millionen Zusatznadeln
	7,9 Millionen Alkoholtupfer
	1,3 Millionen Venensalben
Durchgeführt:	28 000 Arztkonsultationen
	7000 künstliche Beatmungen

VORWORT

Das vorliegende Buch enthält eine kleine, bruchstückartige Chronik zum Problem der illegalen Drogen, welches während einiger Jahre weit vorne auf der Liste der Sorgen der Schweizer Bevölkerung stand. Dieser Rückblick widmet sich vor allem der Drogenproblematik in Zürich, der grössten Stadt der Schweiz, die auch am meisten davon betroffen war. Schwerpunkt ist die Beschreibung der offenen Drogenszene auf dem Platzspitz in Zürich; thematisiert werden auch scheinbare Details, von den Alltagsproblemen bis zur Erhebung wissenschaftlicher Daten. Über den Platzspitz wurde viel gesprochen und geschrieben, es wurde darüber politisiert, meist ohne die nötigen Detailkenntnisse. Es wird hier ausführlich über die Tätigkeit des Zürcher Interventions-Pilotprojekts für Drogenabhängige gegen Aids (Zipp-Aids) berichtet, welches dank der aussergewöhnlichen Zusammenarbeit zwischen dem Roten Kreuz des Kantons Zürich und mehreren universitären und behördlichen Institutionen zustande kam, im damaligen politischen Umfeld ein mutiges Unterfangen. Zusätzlich zur Leistung medizinischer Nothilfe wurden täglich bis zehntausend, jährlich mehrere Millionen Spritzen und Nadeln umgetauscht, um der Verbreitung von Aids und Hepatitis Einhalt zu gebieten.

Die seelischen Sorgen und Ängste von DrogenbenützerInnen kommen in dieser Chronik zu kurz, nicht aus Absicht, sondern weil es der Autor zu vermessen findet, deren Welt verstehen zu können, eine Welt, die durch süchtig machende Drogen und soziale Ausgliederung geprägt war. Die Bilder, auch wenn sie absichtlich kaum Gesichter zeigen, geben einen vagen Eindruck vom Elend und Leiden der Süchtigen.

Der Platzspitz fand weltweit unter dem Namen «Needle-Park» grosse Beachtung, weil er damals die grösste offene Drogenszene war und die erste, der man nicht nur mit Repression, sondern vor allem mit Krankheitsprävention zu begegnen suchte. Für die einen war der Platzspitz der Ort einer Fehlentwicklung in der Bekämpfung der Drogenepidemie, für die anderen der Versuch einer dringend notwendigen Öffnung im Umgang mit Drogen und Sucht, um aus der einseitigen Repression herauszufinden.

Die Situation im «Needle-Park» lässt sich nur verstehen, wenn man die Vorgeschichte kennt. Es wird von den Achtundsechzigerjahren ausgegangen, einer Zeit voller idealistischen Visionen, die auch Gewalt brachte und Marihuana und andere Drogen zum Symbol des Protestes werden liess. Dann kam der Konsum von Heroin und Kokain dazu, wurden die Drogensüchtigen isoliert, weitgehend allein gelassen.

Für die Würdigung der Bedeutung des Platzspitzes in der Drogengeschichte und -politik muss man auch die Zeit danach berücksichtigen. Nach der Schliessung der offenen Drogenszene auf dem Platzspitz folgte eine weitere Öffnung der Drogenbekämpfung, hin zum Vier-Säulen-Prinzip, zur Schadensbegrenzung durch die Abgabe der Ersatzdroge Methadon oder von Heroin, durch eine verbesserte Überlebenshilfe und umfassendere Aufklärung. Wenn auch diese Politik immer wieder durch Rückschläge geprägt war, stimmte im Jahr 2008 das Schweizer Volk schliesslich doch der Revision des Betäubungsmittelgesetzes zu, wahrlich ein Meilenstein.
Das Drogenproblem ist ein gesellschaftliches Problem und wurde auch 2008 nicht gelöst. Wie gross das Leiden und der Schaden für die Süchtigen und die Bevölkerung sind, hängt stark von der differenzierten Reaktion der Gesellschaft ab. Repression allein hat nie zu nachhaltigen Lösungen geführt.
Die vorliegende kleine Chronik über den Zeitraum von 1968–2008 zeigt am Beispiel Zürichs auf, wie die Schweiz auf die weltweite Drogenepidemie reagiert hat. Für die direkt Betroffenen dauerte es (zu) lange, historisch betrachtet jedoch nur kurz, bis eine tragfähige Lösung im Umgang mit der Sucht gefunden wurde. Zürich trug dazu nicht unwesentlich bei, ja spielte in manchen Belangen eine Vorreiterrolle.

Peter J. Grob

TEIL 1

VORGESCHICHTE UND KULTURELLES UMFELD 1968–1988

1. ENTSTEHUNG DER DROGENEPIDEMIE

Ohne historische Betrachtung der kulturellen Entwicklung kann man die neuere «Drogengeschichte» nicht verstehen. Ein wesentlicher Einfluss ging von der Achtundsechzigerbewegung aus, die auch in der Schweiz, insbesondere in Zürich, ihren Ausdruck fand und die von der Politik und der Kulturgeschichte ganz unterschiedlich bewertet wird. Der folgende kurze Abriss kann deshalb nur plakativ, ja oberflächlich sein.

WELTWEITE ACHTUNDSECHZIGERBEWEGUNG

Die Achtundsechzigerbewegung ging weltweit vor allem von der Jugend und von jungen Akademikern, aber auch von Künstlern und sozialkritischen Intellektuellen aus. Man sah den Sinn der Aufrüstung, der Kriege in Algerien, Vietnam und anderswo nicht ein, stand dem Wirtschaftswunder und dem zunehmenden Druck rein wirtschaftlichen Machtstrebens kritisch gegenüber, wollte den Zeitgeist verändern, aus dem Gefängnis der «alten Gesellschaft» ausbrechen und neue, eigene Wege finden, die Welt verbessern. Die Vorstellungen waren vielschichtig, umfassten die antiautoritäre Jugendbewegung (Hippies, Blumenkinder), die Friedensbewegung (auch Antiatomorganisationen), die Frauenbewegung, die sexuelle Befreiung (auch durch die Antibabypille ausgelöst), die Umweltbewegung (erste grüne Parteien, Greenpeace), die Menschenrechtsbewegung (Amnesty International, Terres des Hommes, Médecins Sans Frontières) und in den USA auch den Kampf gegen die Rassendiskriminierung (Black Power). Wesentlich war die Beteiligung von kritischen Künstlern, Musikern, Literaten und Philosophen, die der Kultur ein neues Gesicht geben wollten. Die antiautoritäre Welle ergriff die Kindererziehung und die Schule. Es bildeten sich Kommunen. Die Drogenverherrlichung und der Drogenkonsum (anfänglich Haschisch und Marihuana) gingen vor allem von den Hippies aus, waren ein Zeichen des Aussteigens, der Auflehnung. Später kamen LSD und, noch wenig verbreitet, Heroin und Kokain hinzu.

» *Weg von alten Sachzwängen in eine neue Freiheit – Vision oder Illusion?*

Vorbote der neuen Visionen war ab den 1950er-Jahren der Existenzialismus gewesen, als Reaktion auf die Mechanismen, die zu den unvorstellbaren Weltkriegen geführt hatten. Später lehnten sich die Jugendlichen, die den Zweiten Weltkrieg nicht mehr erlebt hatten, gegen die Kriege in Korea, Vietnam und Algerien auf. Einen ersten Aufbruch der Jugend lösten 1964 die

Beatles aus, die eine neue Musik brachten, ein neues Lebensgefühl, neues gesellschaftliches Auftreten (antiautoritär), die Entstaubung der Mode und die Lösung von gesellschaftlichen Zwängen. Symbolisch steht dafür später das Musical «Hair» (1967). Seine Botschaft richtete sich gegen den Krieg, vor allem in Vietnam, und gegen die Aufrüstung und setzte dem Streben nach Macht und Geld «freedom», «peace», «love» und «drugs» entgegen. In den USA war mit Pink Floyd, Janis Joplin, Jimi Hendrix, Bob Dylan, Joan Baez und vielen anderen (Woodstock-Generation) eine Welle von Protestmusik entstanden, die auch die Jugend Europas begeisterte. Es entstanden «underground movies» und unzählige «psychedelic»-Pamphlete.

Der Konsum von Marihuana und Haschisch war verboten; dies allein bot den aufmüpfigen Jugendlichen einen Anreiz. Zudem half die Wirkung dieser illegalen Drogen allfällige Zweifel an der neuen Freiheit zu verdrängen. Überall tauchten verherrlichende Parolen von noch besserem Rausch durch neue Drogen auf. Harvard-Professor Timothy Leary wurde zum weltweit umstrittenen LSD-Idol. Der Weg zu Heroin und Kokain war geebnet.

» *Marihuana und Haschisch, ein Statussymbol der protestierenden Jugend*

Die Spannung zwischen der wirtschaftlich orientierten, blühenden Gesellschaft und dem Traum von neuen Idealen erfasste zunehmend die Universitäten, Künstler, Schriftsteller und Philosophen und wurde auch von linksgerichteten Parteien aufgenommen. Die konservativen Kreise konnten dies alles kaum verstehen, sahen mit Befremden den Anfängen zu, bis in der ganzen ersten Welt Unruhen aufbrachen. Dabei sah die «Revolution» in jedem Land etwas anders aus, gab es unterschiedliche Schwerpunkte und verschiedenste Gruppierungen, auch «unheilige» Allianzen.

In den USA kam es zu Studentenrevolten, zu Campusbesetzungen in Berkeley und in vielen anderen Universitäten und zu Massendemonstrationen nach der Ermordung Martin Luther Kings (4. April 1968). Auch in Mexiko (Massaker von Tlatelolco), in Japan (Zengakuren) und in Europa protestierte die (studentische) Jugend. Dazu nur zwei Beispiele: In Frankreich führte die Jugendbewegung 1967 zur Besetzung öffentlicher Gebäude, zu Vorlesungstumulten und schliesslich 1968 zur Besetzung der Sorbonne. Schon vorher hatte es Massendemonstrationen von Studenten, Linksintellektuellen und Künstlern gegeben.[1] Eine Eskalation erfolgte im Mai 1968. Um die Sorbonne wurden mehr als sechzig Barrikaden errichtet. Die Polizei griff hart durch. Die linksgerichtete Ar-

» *Von der Hoffnung zur Enttäuschung – vom Traum zu Krawallen*

beiterschaft, viele Intellektuelle und Künstler solidarisierten sich mit den Studenten. Es folgte ein wochenlanger Generalstreik in ganz Frankreich. In Deutschland führte der Staatsbesuch des Schahs von Persien zu heftigen Protesten in vielen Städten. Es kam zur Gründung von oppositionellen Studentenverbänden, einer ausserparlamentarischen Opposition und einer starken feministischen und künstlerischen Bewegung, die viele Bereiche erfasste.[2]

Jedes Land hatte seine eigene Achtundsechzigerrevolution, aber auch ähnliche Entwicklungen. Zunehmend wurde auch Gewalt angewendet,[3] radikalisierte sich die Bewegung, kamen chaotische Gruppierungen verschiedener Farben auf und viele Jugendliche flüchteten sich aus der Verantwortung in eine vermeintliche Freiheit der Droge.

Die Achtundsechzigerbewegung verpuffte innert weniger Jahre, wenigstens vordergründig. Viele Beteiligten wandten sich von der Gewalt ab, integrierten sich in die bürgerliche Gesellschaft, verfolgten ihre Ziele auf legalem Weg. Viele Jugendliche und Studenten konnten sich wieder von den Drogen befreien, manche aber nicht. In den USA, in Teilen Asiens und in ganz Westeuropa begann sich die Drogensucht auszubreiten. Die Drogensüchtigen fanden keinen Weg zurück, wurden isoliert und randständig. Zur ursprünglichen Achtundsechzigerdroge (Cannabisprodukte) kamen zuerst LSD, dann Heroin und Kokain hinzu, welche beide süchtig und hilflos machen.

ACHTUNDSECHZIGERBEWEGUNG IN DER SCHWEIZ UND ACHTZIGERNACHBEBEN

Auch in der Schweiz gab es eine Achtundsechzigerbewegung, in abgeschwächter Form, aber lange andauernd, mit einem Nachbeben 1980, ebenfalls mit verschiedensten Ausdrucksformen: mit einem Engagement von Schriftstellern und Malern,[4] der Bildung von autonomen Studenten- und Jugendgruppen sowie verschiedenen Künstler- und Kulturgruppen. Das Bürgertum sah darin vorerst eine von den Kommunisten geschürte Bewegung, erkannte erst später, dass es sich um eine breite kulturelle Auseinandersetzung handelte.[5]

» *Auch die Schweiz wurde erfasst, nicht nur vom neuen Traum, auch von Gewalt und Drogen*

CHRONOLOGISCHER ABLAUF

1967 kam es bei einem KONZERT DER ROLLING STONES (14. April) und vor allem nach einem Konzert von Jimi Hendrix am 31. Mai vor dem Zürcher Hallenstadion zu gewalttätigen Demonstrationen. Die Jugendlichen waren über die Gewalt der Polizei entsetzt und umgekehrt. Es waren auch Drogen aufgetaucht. Die Öffentlichkeit war entrüstet, realisierte aber kaum, dass sich schon seit einiger Zeit eine neue Bewegung angebahnt hatte.

JUNI 1968, GLOBUSKRAWALLE: Der Zürcher Stadtrat war nicht auf die Forderung vieler Gruppen eingegangen, ein geeignetes Lokal für Kunsthappenings, Popkonzerte usw. zur Verfügung zu stellen, bewilligte aber eine zweitägige Veranstaltung im leer stehenden Globusprovisorium. Am 29. Juni kam es vor diesem Gebäude zu einer ersten Demonstration mehrerer Tausend «Bewegter», die einige Tage dauerte und zahlreiche Verletzte (neunzehn Demonstranten, fünfzehn Polizisten, sieben Feuerwehrleute) forderte. 169 Personen wurden festgenommen. Es kam zu weiteren gewalttätigen Scharmützeln mit der Polizei. 56 Demonstranten und 42 Polizisten wurden verzeigt. Dreissig Demonstranten und ein Polizist kamen vor Gericht. Die meisten Demonstranten und der Polizist erhielten bedingte Strafen. Zürich und die ganze Schweiz waren endgültig erwacht, begannen zu realisieren, dass sich auch ein namhafter Teil der kulturellen Elite der Schweiz der weltweiten Achtundsechzigerbewegung angeschlossen hatte, nicht die Gewaltanwendung, aber die Visionen teilte.

JULI 1968: Schriftsteller, Kunstmaler, Juristen und Professoren stellten sich im «Zürcher Manifest» auf die Seite der Jugendlichen und riefen zum Dialog auf.[6] Ein Komitee veranstaltete im Centre Le Corbusier in Zürich eine sechstägige Aussprache.[7] Die Stadtbehörden reagierten, bewilligten darauf einen Kredit für den Umbau des Hauses Drahtschmidli in ein Jugendzentrum.

OKTOBER 1970: Als Zwischenlösung stellte die Stadt dem Verein «autonomes Jugendzentrum» den Lindenhofbunker zur Verfügung. Dort gab es zunehmend Probleme mit Drogenkonsum, die nicht in den Griff zu bekommen waren. Das Drop-in, eine der ersten öffentlichen Drogenhilfsstellen, übernahm den ärztlichen Notfalldienst. Sozialarbeiter und Notschlafstellen wurden gefordert, aber abgelehnt. Der Bunker wurde nach 68 Tagen geschlossen.

OKTOBER 1972: Die «autonomen» Jugendlichen besetzten das neu eröffnete Drahtschmidli, welches sofort polizeilich geräumt wurde. Eine Volksabstimmung wurde vorbereitet.

Ein Aufruf zur Besinnung

Zürcher Manifest

Wir stellen fest:

In Zürich ist es zwischen Jugendlichen und der Polizei zu Kämpfen gekommen. Damit brachen auch in unserer Stadt Konflikte auf, wie sie sich gegenwärtig in Ost und West zeigen.

Wir folgern:

Die Zürcher Ereignisse dürfen nicht isoliert beurteilt werden. Sie sind eine Folge unzulänglicher Gesellschaftsstrukturen. Sie als Krawalle abzutun und die Beteiligten nur als randalierende Taugenichtse und Gaffer hinzustellen, ist oberflächlich.

Wir sind überzeugt:

Eine Ursache der Krise ist die Unbeweglichkeit unserer Institutionen. Diese Unbeweglichkeit wendet sich gegen den Menschen. Sie verhindert die Anpassung an die sich wandelnden Bedürfnisse der Menschen und die Entfaltung schöpferischer Minderheiten.

Wir erinnern:

Wesentliche Umwälzungen sind immer von Minderheiten ausgegangen. So fand 1848 der Liberalismus gerade in der Jugend leidenschaftliche Anhänger. Diese Minderheit – damals Revoluzzer genannt – bewahrte die Unabhängigkeit der Schweiz und schuf unseren Bundesstaat.

Wir warnen:

Einen kulturellen Konflikt lösen weder Prügel und Verbote noch Besänftigung durch gönnerhafte Angebote. «Wohltätigkeit ist das Ersaufen des Rechts im Mistloch der Gnade» (Pestalozzi). Unterdrückung der Konflikte treibt die Jugend auf die Barrikaden.

Wir fordern:

1. Bereitstellung eines zentral gelegenen, autonom verwalteten Diskussionsforums für Jung und Alt.
2. Verzicht auf Sanktionen wie Relegation von Studenten und Schülern, Entzug von Stipendien, Ausweisung von Ausländern, Entlassungen, sofern nicht schwerwiegende Delikte vorliegen.
3. Wiederherstellung des verfassungsgemässen Demonstrationsrechts.
4. Fortsetzung der Gespräche mit allen Minderheiten.
5. Einladung zur Meinungsäusserung aller Konfliktparteien durch Presse, Radio und Fernsehen.
6. Unverzügliche Bildung einer wissenschaftlichen Arbeitsgruppe mit dem Auftrag, die tieferen Ursachen des Konflikts zu erforschen und praktische Vorschläge auszuarbeiten.

Forderung 3 inzwischen erfüllt

Das «Zürcher Manifest» 1968. (Schweizerisches Sozialarchiv)

JUNI 1974: Die Stimmberechtigten lehnten das Drahtschmidli-Gemeinschaftsprojekt ab, welches auch die «Autonomen» nicht befürworteten, da die gemachten Auflagen zu gross waren. Man forderte die Umwandlung der leer stehenden Roten Fabrik in ein Begegnungs- und Kulturzentrum, nistete sich dort, halbwegs geduldet, ein. Es entstand eine aktive und in ganz Europa beachtete Kulturstätte.
SEPTEMBER 1977: Die Stimmberechtigten Zürichs bewilligten einen zeitlich befristeten Betriebskredit für die Rote Fabrik. Die Rote Fabrik als Begegnungs- und Kulturzentrum war damit halbwegs etabliert (erfüllte aber nicht alle Forderungen der Autonomen).
NOVEMBER 1977: Als Ersatz für das Drahtschmidli stellte die Stadt das Schindlergut zur Verfügung. Es gab erneut Probleme mit Drogenkonsum. Wiederum forderten die Benützer auch Notschlafstellen. Am 6. Juni 1978 wurde das Schindlergut polizeilich geräumt. Die ursprünglichen «Autonomen» hatten sich immer wieder aufgesplittert und neu formiert. Viele der «alten Aktivisten» waren ausgestiegen, neue hinzugekommen. Auch die Stossrichtungen änderten sich etwas. Die Achtzigerbewegung begann sich zu formieren.
NOVEMBER 1979: Bis zu einige Hundert Jugendliche trafen sich jeweils im Polyfoyer. Man forderte, die Rahmenbedingungen für die Musikszene zu verbessern, günstigere Räumlichkeiten bereitzustellen, protestierte gegen die einseitige Verteilung der Kulturgelder. Verschiedene Gruppen setzten sich dafür ein («Rock als Revolte», «Aktionsgruppe Rote Fabrik»). Das Polyfoyer wurde aber bald als Versammlungsort aufgekündigt.
APRIL/MAI 1980: Der Stadtrat lehnte die Forderung nach neuen Räumlichkeiten ab. Als Reaktion wurde während des Sechseläutens die Unterführung Langstrasse besetzt und das Warenlager eines Kleidergeschäftes geplündert, welches sich in der Roten Fabrik eingemietet hatte.
JUNI 1980, OPERNHAUSKRAWALLE: Eine vorerst kleine Gruppe der Achtzigerbewegung demonstrierte vor dem Opernhaus gegen die Abstimmung über einen Sechzig-Millionen-Franken-Kredit für den Opernhausumbau und forderte eine bessere Unterstützung der alternativen Szene. Die Menge schwoll an, als ein Grossteil der Besucher eines Bob-Marley-Konzerts im Hallenstadion auf den Opernhausplatz zog. Es kam zu schweren Kämpfen mit der Polizei. Die Gewaltszenen wiederholten sich in den folgenden Tagen. Auf beiden Seiten gab es Dutzende von Verletzten, und es kam zu grossen Verwüstungen in der Altstadt, mit Schäden in Millionenhöhe.
Die Kreditvorlage zum Operhausumbau wurde in der Volksabstimmung knapp angenommen. Im Laufe des Juni gab es darauf an zahlreichen Orten

Demonstrationen, so an einem Protesttag der Universität mit – je nach Informationsquelle – tausend bis 2000 Personen oder auf dem Helvetiaplatz mit 4000 bis 5000 Personen. Der Videofilm eines Dozenten des Ethnologischen Seminars der Universität Zürich über den Opernhauskrawall wurde konfisziert, es kam zu Präventivverhaftungen, Demonstrationsverboten, gerichtlichen Androhungen, Rücktrittsforderungen und Sachbeschädigungen, ein namhafter Teil im Zusammenhang mit der Forderung nach einem autonomen Jugendhaus.

ENDE JUNI BIS ANFANG JULI 1980. DAS AUTONOME JUGENDZENTRUM: Man bemühte sich um Beruhigung. Am 27. Juni 1980 unterschrieb der Stadtrat einen Vertrag für ein Versammlungszentrum der Jugend an der Limmatstrasse 18–20 unter der Trägerschaft der Sozialdemokratischen Partei, der beiden Landeskirchen und der Pro Juventute. Mit dem Anliegen grösstmöglicher Autonomie für die Benützer (Kunstschaffende verschiedener Richtungen, Autonome der «Bewegung») wurde am 28. Juni das Autonome Jugendzentrum Zürich (AJZ) eröffnet. Im AJZ nahm man sich viel vor. Es gab die «Spuntengruppe Levante», eine hauseigene Druckerei, Gruppen für Bauen, Malen, Film sowie einen internen Sicherheitsdienst. Etwas später wurde im AJZ Zürichs erster Fixerraum errichtet, für den das Drop-in den ärztlichen Notfalldienst übernahm.

» *Auslaufen der Achtundsechzigerbewegung und des Achtzigernachbebens*

Es kam zunehmend zu Spannungen zwischen Kunstschaffenden und Drogenbenützern, die immer stärker dominierten. Der bereits bestehende grosse Drogenhandel in Zürich wurde im und ums AJZ augenfällig. Es kam zu Demonstrationen, Strassenkämpfen, Hausräumungen durch die Polizei und Rückbesetzungen durch die «Bewegten», sogar zu einer Brandstiftung. Im Januar 1982 beschloss der Stadtrat einen Fünfzehn-Millionen-Franken-Kredit für einen Um- und Ausbau des Jugendhauses Drahtschmidli, welches 22 Jahre als Provisorium überlebt hatte, in ein neues, drogenfreies Jugendzentrum Dynamo. Am 23. März 1982 wurde das AJZ endgültig geschlossen und abgerissen. Nur noch kleine Gruppen der «Bewegten» reagierten auf die Schliessung.

Die Achtundsechzigerbewegung als solche, die Ereignisse in der Schweiz und vor allem in Zürich, das Aufkommen von Gewalt und Drogen führten zu einer Polarisierung der Bevölkerung und der Politik, auch zu Ängsten und einem Bedrohungsbild einer von linker Seite getragenen Bewegung gegen die friedvolle und erfolgreiche Entwicklung der Schweiz. Die Auseinandersetzungen waren hart, aber sprengten nur selten den legalen Rahmen. Zu den eindeutigen Auswüchsen gehörte die «Informationsgruppe Schweiz» von Ernst Cincera, Zürcher Kantonsrat, Nationalrat und Oberstleutnant. Mit Hilfe von Informanten legte man zwischen 1972 und 1974 ein Archiv mit Aufzeichnungen über 3000 politisch «bedrohliche» Personen an, darunter ein namhafter Teil der Kulturschaffenden, aber auch Professoren, Juristen und Geschäftsleute, die angeblich der gewalttätigen Achtundsechzigerbewegung zu nahe standen.

Die Kulturbewegung der Achtundsechziger und Achtziger war zur Zeit der Räumung des AJZ fast abgeschlossen, fand sich ihren Zielen nahe, umso mehr, als die Stadt in den folgenden Jahren viele kulturelle Anliegen zu verwirklichen half: Bereits 1980 fand das erste Theaterspektakel am See statt, 1985 wurden in der Roten Fabrik offiziell die Shedhalle, der «Ziegel oh lac» und viele Kunstateliers eröffnet. Die Vereine Kunsthalle Zürich (1985) und Theaterhaus Gessnerallee (1989) wurden gegründet; 1986 wurde das Miller Studio in Betrieb genommen; zudem wurden Kredite für Pop und Jazz gesprochen. 1981 war die «Wochenzeitung», eine linksgerichtete Zeitung, aus vielen Vorstufen entstanden und wurde zu einem Kultblatt für viele Achtundsechziger. Nach der Schliessung des AJZ (mit einem hauseigenen Kino) fanden sich 1982 fünfzig Filmenthusiasten zusammen und gründeten das Kulturkino Xenix, welches nach vielen Bemühungen[8] 1991 unter die Schirmherrschaft der Stadt Zürich kam und subventioniert wurde. Ungelöst blieb das Drogenproblem. Die DrogenbenützerInnen fanden nirgends mehr Unterschlupf.

» *Die Zürcher Kulturszene bewegt sich*

ABKOPPELUNG DER DROGENBENÜTZER VON DER ACHTUNDSECHZIGER- UND ACHTZIGERKULTURBEWEGUNG

ENTSTEHUNG VON DROGENSZENEN: Wie erwähnt hatte ab 1966 die Hippiewelle auch die Schweiz erreicht, wurden vor allem Haschisch und Marihuana konsumiert, am Jimi-Hendrix-Konzert 1967 im Hallenstadion Zürich auch LSD, Heroin und Kokain, wenn auch erst diskret. 1966 war der Polizei im Tessin erstmals die Beschlagnahme von 52 Gramm Kokain gelungen. Im August 1968 tauchten Berichte über grösseren Haschisch- und Marihuanakonsum und über von «Blumenkindern» begangene Delikte in Basel, Genf, Chur und Zürich auf, auch im Zusammenhang mit den Globuskrawallen. 1969 gab es in der Schweiz bereits 500 Verzeigungen, alle noch wegen

Das AJZ in Betrieb und am Ende. (Fotos Gertrud Vogler)

Cannabisgebrauchs, sechzig Kilogramm Cannabis konnten beschlagnahmt werden. In Zürich erregten Studenten und andere junge Leute, die an der «Riviera» Cannabis rauchten, öffentliches Ärgernis.
1972 wurden erstmals kleine Mengen Heroin beschlagnahmt, und Zürich beklagte die ersten Drogentoten infolge Überdosierungen. 1974 wurde Kokain in die Polizeistatistik aufgenommen. Mit den Globuskrawallen und dem augenfälligen Aufkommen von Drogenkonsum – es hatten sich auch in anderen Schweizer Städten Drogenszenen gebildet – wurde von der Politik und der Bevölkerung Druck ausgeübt, das Drogenproblem durch Repression zu lösen.
1975 erfolgte eine entsprechende Revision des eidgenössischen Betäubungsmittelgesetzes von 1951. Neu wurden darin Drogenbesitz und Drogenkonsum unter Strafe gestellt. Repression galt als bestes Mittel, die Ausbreitung des Drogenkonsums zu verhindern.

» *Eine harte Gesetzgebung wird das Drogenproblem beseitigen*

Es wurde auch die externe, behördliche Registrierungs- beziehungsweise Bewilligungspflicht für die Abgabe von Opiaten (inklusive Methadon) eingeführt, dies für jede zu behandelnde Person. Die Durchsetzung lag in den Händen der Kantone. Zwar hielt das Gesetz ein Hintertürchen für Straffreiheit offen (zum Beispiel bei Zustimmung zum Entzug), war aber in seiner Stossrichtung eindeutig. Im selben Jahr beschlagnahmte die Grenzpolizei 443 Kilogramm Haschisch, 21 Kilogramm Heroin und zwei Kilogramm Kokain. Man registrierte 35 Drogentote. Von da an stieg trotz immer stärkerem Polizeieinsatz die Zahl der Drogendelikte fast unaufhörlich an.

2. VERSELBSTÄNDIGUNG UND VERHÄRTUNG DER DROGENSZENE, 1982–1985

OFFENE GASSENSZENEN UND DIE STRATEGIE DER VERTREIBUNG

Ab 1982 bildeten sich volatile Gassenszenen, die immer wieder vertrieben wurden. Fast alle besonnenen Mitträger der Achtzigerbewegung hatten sich von der Gassenszene abgewandt. Die nun etablierten Institutionen für Jugendliche und Künstler (unter anderem die Rote Fabrik und das Dynamo) grenzten die Fixer notgedrungen und zu Recht aus. Diesen blieb nur noch die «Gasse». Dort wurde die Repression verstärkt. Die alte «Rivieraszene» tauchte wieder auf, hatte nun viel grösseren Zulauf und setzte Heroin und Kokain ab. Man vertrieb die offene Drogenszene von Ort zu Ort, vom Stadelhofen zum Odeon, auf den Hirschenplatz, schrecklich für die Süchtigen und ein frustrierendes Vorgehen für die Polizei wie in den Augen grosser Teile der Bevölkerung.

1983 wurden auf Grund eines ersten Berichtes der eidgenössischen Betäubungsmittelkommission die Auflagen zur Abgabe von Opiaten von 1975 etwas gemildert und vereinheitlicht, blieben aber hochschwellig, das heisst, die behördliche Bewilligungspflicht wurde beibehalten.

Die Bilanz 1985 war ernüchternd. Die Zahl von BenützerInnen harter, illegaler Drogen in der Schweiz war auf geschätzte zehntausend angestiegen, davon 2500 bis 3000 in Zürich. Man zählte 118 Drogentote. In Zürich beklagte sich auch die Polizei über den Leerlauf der repressiven Massnahmen, der oft darin bestand, Drogenbenützer und Kleinhändler festzunehmen, um sie kurz darauf wieder freizulassen. 1985 hatte man in der Schweiz 1500 Drogenverstösse registriert, 56 Kilogramm Heroin und fünfzig Kilogramm Kokain beschlagnahmt. Diese Zahlen stiegen weiter, banden zunehmend Kräfte der Polizei und verursachten hohe Kosten.

Um Härte zu zeigen, verfügte im Herbst 1985 der Zürcher Kantonsarzt Gonzague Kistler ein striktes Verbot, Fixern saubere Spritzen abzugeben, und den

» *Spritzenabgabeverbot*

Apotheken wurde verboten, Injektionsmaterial ohne medizinische Begründung zu verkaufen. Motiv war die Überzeugung, dass Spritzenabgabe die Drogensucht fördere, dem 1975 revidierten Betäubungsmittelgesetz und dem eben revidierten Gesetz für das Gesundheitswesen widerspreche. In Fachkreisen war schon seit 1982 bekannt, dass gefährliche Viren wie die Erreger von Aids und Hepatitis B bei Wiederverwendung gebrauchter Spritzen durch FixerInnen («needle sharing») übertragen würden. Bei den damaligen Gassenimpfungen gegen Hepatitis B durch zwei Universitätsinstitutionen waren denn auch diskret «übrig gebliebene» Spritzen-und-Nadel-Sets abgegeben worden. In einigen Drogenhilfsstellen gab man in geringem Umfang Spritzen ab. Auch die in den Notschlafstellen und in den Wohncontainern von Pfarrer Sieber unentgeltlich tätigen Ärzte taten dies. Die Gesundheitsdirektion drohte mit Praxisbewilligungsentzug, sollten sich Ärzte nicht an das Spritzenabgabeverbot halten. 350 ÄrztInnen unterschrieben eine Selbstbezichtigungserklärung.

Die Verfügung des Kantonsarztes war von Beginn an umstritten. Im Februar 1986 bestätigte die kantonale Gesundheitsdirektion das Spritzenabgabeverbot, wenn auch mit diskreten Zugeständnissen. Ende Juni 1986 berichtete Ambros Uchtenhagen, damals Leiter des Sozialpsychiatrischen Dienstes der Psychiatrischen Universitätsklinik, anlässlich eines Vortrages, dass ein Grossteil der in medizinischen Hilfseinrichtungen behandelten Drogenabhängigen mit grosser Wahrscheinlichkeit durch «needle sharing» mit dem Aids-Virus HIV angesteckt worden seien. Der anwesende Chef der Kriminalpolizei der Stadt Zürich, Thomas Hug, wollte in der Folge die HIV-Übertragung nicht mehr weiter durch polizeiliches Beschlagnahmen von sterilem Injektionsmaterial begünstigen. Am 4. Juli 1986 erliess er deshalb die Anweisung an die Stadtpolizei, kein solches Material mehr zu konfiszieren, eine Anweisung, die wenig später auch die Kantonspolizei übernahm und die schliesslich zur Aufhebung des Spritzenabgabeverbotes durch die Gesundheitsdirektion führte. Das Resultat war dennoch ein beginnender Spritzennotstand in der Drogenszene. Das «needle sharing» nahm zu, insbesondere weil die Apotheken verunsichert waren. Man bestand im Übrigen immer noch auf der Forderung, therapeutische Ansätze generell auf Abstinenz auszurichten, eine Anweisung, die von Fachkräften zunehmend kritisch beurteilt wurde. Einer der ersten Kritiker war der Zürcher Arzt André Seidenberg, der sich ab 1984 auch öffentlich heftig gegen die herrschende Drogenpolitik wandte.

» *Die Drogenepidemie wuchs über den Kopf*

Die Zürcher Regierung und private Gruppen hatten die Drogenepidemie schon lange kommen sehen, wegen des «harten» revidierten Betäubungsmittelgesetzes von 1975 noch mehr Schwierigkeiten geahnt, was spätestens mit den AJZ-Unruhen bestätigt wurde:

– Bereits im Dezember 1970 war auf Antrag von Dr. Berthold Rotschild bei der Gesundheitsdirektion und nach einer Interpellation im Kantonsrat das erste Drop-in des sozialpsychiatrischen Dienstes eröffnet worden. 1971 folgten ein zweites Drop-in, 1973 das Tageszimmer für Drogengefährdete und 1978 die Klinik Sonnenbühl für die stationäre Behandlung der Drogenabhängigen.

– 1971 wurde in Zürich eine von Schul-, Polizei- und Sozialamt gemeinsam gebildete Arbeitsgruppe «Drogenprobleme» mit Schwerpunkt Jugendberatung gegründet.

– 1977 wurde die kantonalzürcherische Drogenkommission gegründet.

– 1980 stellte man im Zusammenhang mit den AJZ-Unruhen «offiziell» mit Entsetzen die grosse Zahl der jugendlichen Abhängigen fest.

– 1982 empfahl die kantonalzürcherische Drogenkommission einen Katalog von Massnahmen in den Bereichen Prävention (Information, Unterstützung der Selbsthilfe, Schaffung eines Drogenbulletins, Freizeitangebote), Therapie und Rehabilitation (Ärztefortbildung, Diversifizierung der Entwöhnungsbehandlungen, Eingliederungshilfen).

– 1980 und 1984 beschloss der Gemeinderat die Errichtung einer Koordinations- und Auskunftsstelle sowie die Unterstützung privater Organisationen im Drogenbereich.

– 1984 gab es bereits zwei städtische Notschlafstellen, in denen die beiden Hausärzte Andreas Roose und André Seidenberg kostenlose Sprechstunden durchführten.

– 1985 nahm die Suchtpräventionsstelle der Stadt Zürich die Arbeit auf.

– 1986 eröffnete der stadtärztliche Dienst ein Krankenzimmer und einen Tagesraum für Obdachlose. In den Notschlafstellen waren so viele obdachlose Drogensüchtige in schlechtem Gesundheitszustand erschienen, dass man es nicht mehr verantworten konnte, sie jeden Morgen auf die Gasse zu schicken. Man richtete deshalb eine Station ein, wo sie tagsüber von Fachpersonal gepflegt und behandelt wurden und wo täglich eine Arztvisite stattfand (bis Ende 1987 wurden 150 Obdachlose während durchschnittlich sechzehn Tagen behandelt, davon 64 HIV-Positive inklusive achtzehn Aids-Kranken).

– Ab 1987 begann das Zürcher Sozialdepartement Kontakt- und Anlaufstellen zu eröffnen, vorerst in umgebauten Trolleybussen, mit wechselnden Standorten.[9] Es gab auch Notschlafstellen,[10] Krisenwohngruppen und Jugendwohnungen.

Auch private Institutionen, meist staatlich subventioniert, hatten sich schon lange in der Drogenhilfe engagiert:

– Bereits 1971 waren die erste therapeutische Gemeinschaft (Ulmenhof, Ottenbach) eröffnet, die Zürcher Arbeitsgemeinschaft für Jugendprobleme (ZAGJP, Präsident Pfarrer Ernst Sieber) gegründet und eine erste Auffangsta-

tion im Kirchgemeindehaus Wollishofen eingerichtet worden. Später funktionierte Pfarrer Sieber Wohncontainer in Notschlafstellen um, und es wurde der Sunne-Egge eröffnet, eine Hilfseinrichtung für die stationäre und ambulante Behandlung und Betreuung von Drogensüchtigen.
– Ab 1980/85 bemühten sich weitere Organisationen um Süchtige, so die Zürcher Aids-Hilfe (mit einem Aufenthaltsraum), die Zürcher Aids-Projekte (mit diversen Betreuungsangeboten), der Verein Drogenentzug und Drogenhilfe (mit Gassenarbeit und einer Beratungsstelle) sowie der Verein Arche Zürich (Beratung, Betreuung).

ENTSTEHUNG DER GEDULDETEN GROSSDROGENSZENE AUF DEM PLATZSPITZ

Die vielen Bemühungen der Drogenhilfe waren gleichsam im weiteren Anschwellen der Drogenepidemie «ertrunken»; war ab 1986 die Vertreibungsstrategie aufgegeben worden, verlagerte sich die offene Drogenszene immer mehr auf den Platzspitz. Sie wurde dort weitgehend in Ruhe gelassen, an einem von Wohn- und Geschäftshäusern und regem öffentlichem Leben abgegrenzten Ort. Dort konnte man die Szene wenigstens teilweise kontrollieren. Ausser der Polizei waren nur wenige Gassenarbeiter mit beschränkten Möglichkeiten an Ort tätig. Der Platz lag insofern günstig, als es nur vier Zugänge gab. Für die Süchtigen war er attraktiv, weil der Hauptbahnhof sehr nahe lag, mit Transportmöglichkeiten in alle Richtungen. Die Zahl der Fixer stieg jährlich an. Viele Fixer («Frösche» genannt) lebten in selbstgebauten Verschlägen und Zelten am Ufer und im trockenen Bett der Sihl. Für Fachleute wurde der «Spritzennotstand» immer augenfälliger. Man sprach noch nicht vom «Needle-Park», aber von einem Ort zunehmender Verelendung. Die Angst vor Aids war in der ganzen Bevölkerung angestiegen.

» *Man war hilflos*

1988 rechnete man in der Schweiz mit 20 000 Fixern, also einer Verdoppelung gegenüber 1985, davon ein namhafter Teil, geschätzte 4000 bis 5000, in Zürich. Diese verbrachten ihre Zeit auf dem Platzspitz, in den erwähnten Hilfseinrichtungen, in Gemeinschaftswohnungen, Zimmern, in Untersuchungshaft oder auf der Strasse. Man fühlte sich hilflos, wurde sich bewusst, dass weitere Massnahmen notwenig waren, insbesondere betreffend HIV-Infektionen. 1988 hatte die Zahl der Drogentoten in der Schweiz erstmals die Zweihundertergrenze überschritten.

Wo sind wir? – Und wie weiter?

Zweite Drogentagung der Freisinnig-Demokratischen Partei

Es wird mehr und Besseres unternommen zur Bewältigung des Drogenproblems und zur Hilfe an Drogenabhängige als vor Jahren. Dennoch wird die Kluft zwischen Anforderungen und Leistungen nicht kleiner. Denn gleichzeitig hat sich der Drogenkonsum weiter ausgebreitet, und Aids hat das Problem noch dramatisiert. Eine Tagung der Stadtzürcher FDP hat einen breiten Überblick über den Stand der Dinge vermittelt und alsbald klargemacht, dass die Kluft nach wie vor auch in der Betrachtungsweise besteht.

«Grundsätze für eine rationale Drogenpolitik»

Drogencharta einer überparteilichen Arbeitsgruppe

bi. Am Mittwoch ist an einer Pressekonferenz eine zwölf Punkte umfassende «Drogencharta» vorgestellt worden, in der die Meinungen der sehr heterogenen Verfassergruppe gewissermassen auf den kleinsten gemeinsamen Nenner gebracht worden sind. Sie geht, so allgemein sie gehalten ist, ganz klar mit der bisherigen Handhabung des Drogenproblems ins Gericht. Die «Arbeitsgruppe Drogencharta» – sie ging aus einer Gruppe von Personen hervor, die sich zur Zeit der Jugendunruhen um Lösungen bemüht hatten – will mit der Charta eine *Orientierungshilfe* in der Auseinandersetzung mit dem Thema Drogen bieten und ausgesprochen nicht ausschliesslich unter Fachleuten und von Drogenproblemen direkt Betroffenen um Unterzeichnung werben, sondern in einem möglichst weiten Bevölkerungskreis. Das Ziel ist ambitiös. Man möchte den in alle Himmelsrichtungen hinzielenden drogenpolitischen Bemühungen eine etwas einheitlichere Ausrichtung verleihen und im Idealfall wohl auch den Schwung erzeugen, der aus der Endlosspirale herausführen könnte, in die so manches von dem geraten ist, was man seit Aufkommen des neuzeitlichen ziska Frey-Wettstein und deren SP-Kollegin Marianne Böckli, von denen die erstere, wie unter anderen auch André Eisenstein, bereits zur eingangs erwähnten, 1981 gegründeten Arbeitsgruppe gehört hatte, ferner der Psychologe und Drop-in-Mitarbeiter Thomas Kurz, Verbandssekretär Peter Vonlanthen, der Immunologie-Professor Peter Grob, ein Soziologe, ein Rechtsanwalt und andere mehr.

Die Schäden so klein wie möglich halten

Wir seien zur Hilfe an Drogenabhängigen *verpflichtet,* heisst es in Punkt 1, und zwar unabhängig davon, ob deren Situation das Resultat gesellschaftlicher Entwicklung, individueller Veranlagung oder persönlichen Unvermögens sei. Jede Vorkehrung habe nur eine Chance, wenn sie berücksichtige, dass eine *Vielzahl von Ursachen* zur Sucht führen könnten, heisst es an anderer Stelle jenes Teiles der Charta, die zur Suche nach den gesellschaftlichen Gründen auffordert.

In manchem Punkt ist das Gedankengut Hans Kinds unverkennbar, obwohl dieser erst

Politische Vorstösse für eine neue Drogenpolitik im Jahr 1988. (NZZ, 1. Februar, 21. Januar)

Schon bald nach der Revision des Betäubungsmittelgesetzes von 1975 hatte eine Diskussion um dessen repressive Zielsetzung begonnen, die immer intensiver wurde; vorerst zwischen den linken und liberalen Parteien einerseits und den konservativen rechten Parteien andererseits, dann aber zunehmend auch innerparteilich. Bereits 1979 hatte Moritz Leuenberger, damals Nationalrat, erfolglos einen parlamentarischen Vorstoss zur Öffnung der Drogenpolitik gemacht. In einem viel beachteten Artikel von 1982 in der «Neuen Zürcher Zeitung» forderte Hans Konrad Rahn, ein Kulturmäzen und in Finanzkreisen einflussreicher Zürcher, eine breite Medizinalisie-

Exkurs zum Platzspitz

Ursprünglich war der Platzspitz ein grosses, dreieckiges Gelände, zweiseitig begrenzt durch die beiden Flüsse Limmat und Sihl, die in spitzem Winkel zusammenfliessen. Der Platzspitz wurde zunächst als Weideland genutzt. Später wurde darauf ein Schützenhaus mit Schiessplatz errichtet. Im 16. und 17. Jahrhundert fanden dort Schützenfeste und Jahrmärkte statt. Zu Beginn des 18. Jahrhunderts legte man entlang den beiden Flüssen Baumalleen an. So entstand ein populärer Ort zum Flanieren. 1780 wurde eine barocke Parkanlage nach französischem Muster angelegt, mit einem Denkmal für den Dichter und Staatsmann Salomon Gessner. Den Schiessplatz verlegte man aufs Albisgütli. Das Parkgelände war viel grösser als heute, umfasste auch die Flächen, auf denen heute der Hauptbahnhof und das Landesmuseum stehen. Der Park verlor an Bedeutung, als 1846 der Hautbahnhof und entlang der Sihl Geleise gebaut wurden. Anlässlich der Landesausstellung 1883 wurde der Platzspitz in einen Landschaftspark umgewandelt, erhielt ein Restaurant und einen Musikpavillon (Rondell), der bis heute besteht. Noch einmal wurde der Park für die Bevölkerung attraktiv, bis das Landesmuseum gebaut wurde. Der nun viel kleinere Platzspitz verlor wiederum an Bedeutung, erhielt – so schön er war – gelegentlich einen schlechten Ruf (Homosexuellenpark) und wurde mit dem Aufkommen der Drogenszene ab 1980 von der Bevölkerung zunehmend gemieden. Das Kiosk- und Toilettengebäude, (das spätere Zipp-Haus) auf der Höhe des Rondells, wurde 1983 geschlossen und vergammelte.

Ab 1986 wuchs die Drogenszene auf dem Platzspitz stetig an. (Fotos P. G.)

rung im Umgang mit Drogen und Süchtigen. Von der Exekutive Zürichs war Stadträtin Emilie Lieberherr die Erste gewesen, die sich ab 1985 aktiv für eine Öffnung der Drogenpolitik einsetzte und den damals noch randständigen Pionieren der aktiven Drogenhilfe Unterstützung gewährte. Dann öffnete sich die politische Diskussion immer weiter. Es seien nur zwei Beispiele herausgegriffen.

» *Die Zeit war reif für ein Umdenken in der Drogenpolitik*

Im Februar 1988 fand im Kongresshaus unter der Leitung der Gemeinderätin Franziska Frey-Wettstein die zweite Drogentagung der Freisinnig-Demokratischen Partei statt. Wesentlicher Diskussionspunkt waren die in der «Neuen Zürcher Zeitung» veröffentlichten Thesen von Prof. Hans Kind, Direktor der psychiatrischen Poliklinik, der auf die Verlogenheit der unterschiedlichen gesellschaftlichen Wertung von Alkohol- und Cannabiskonsum hinwies und eine menschenwürdige und ausgewogene Haltung gegenüber allen Süchtigen verlangte.

Hinter der Drogencharta von 1988 stand eine breite Gruppe von Vertretern der Politik, der Drogenhilfe und der Universität unter der Leitung von Hans Kind und des Patronatssekretariats von Pro Juventute. Die Charta verstand sich als Orientierungshilfe für eine offenere Drogenpolitik, sie forderte moralische Grundsätze und eine Schadensbegrenzung im Umgang mit Drogen und Sucht.

» *Neue Herausforderungen: Hepatitis und Aids*

Neben den Diskussionen um eine sogenannte harte oder weiche Drogenpolitik wuchs langsam das gesellschaftliche Bewusstsein einer Bedrohung durch die Krankheiten der Süchtigen.

3. ZWISCHENSPIEL: RÜCKBLICK AUF NEUE ERKENNTNISSE DER MEDIZIN

DIE HEPATITIS-B-EPIDEMIE IN DER SCHWEIZ

1971 war im Universitätsspital Zürich als einer der ersten europäischen Institutionen die Diagnostik der Hepatitis B eingeführt und eine entsprechende epidemiologische Untersuchung durchgeführt worden. Auf Grund früherer Quellen konnte die Hepatitis-B-Epidemie rekonstruiert werden (Grafik 1). Bis 1971 hatte es in der Schweiz jährlich gegen geschätzte 5000 Fälle von Hepatitis-B-Virusinfektionen gegeben, die sich bei rund 2000 Patienten als akute Hepatitis B ausdrückten. Die Zahl der Infektionen sank dann dank konsequenter Durchsetzung grösster Hygiene im ganzen Medizinalbereich, dank der Einführung der Hepatitis-B-Testung von Transfusionsblut und von schwangeren Frauen und dank «Safer Sex» aus Angst vor Aids. Dann aber stieg die Zahl der Krankheitsfälle 1986/87 wieder an, dies vor allem bei Drogenabhängigen.
Als Hauptursache für den Wiederanstieg der Hepatitis B galt die rasche Zunahme des intravenösen Drogengebrauchs und – damit im Zusammenhang – der Tausch bereits benützter Nadeln und Spritzen. (Dies war später ein wesentliches Motiv für die Gründung des Zipp-Aids-Projekts.)

» *Erkenntnis, dass «needle sharing» Virusinfektionen überträgt*

ZÜRCHER PILOT-IMPFPROGRAMM: Ab 1979 wurde in Zürich der erste Hepatitis-B-Impfstoff aus den USA getestet. Man hatte in epidemiologischen Studien erkannt, dass viele der infizierten Personen zu besonders gefährdeten Gruppen gehörten, darunter insbesondere Dogenbenützer, Homosexuelle, Kontaktpersonen von Dauerträgern und Medizinalpersonal. Die Folge war die Gründung einer kantonalen Ad-hoc-Impffachkommission, angeregt von der Abteilung für klinische Immunologie und vom Institut für Sozial- und Präventivmedizin, die ein Pilotprogramm unter wissenschaftlicher Begleitung erarbeiteten. Dieses Programm wurde Ende 1981 von der Zürcher Regierung akzeptiert und mit einer Million Franken finanziert.[11] Innert eines Jahres (bis Ende 1982) waren 10 484 Personen geimpft beziehungsweise hatten eine von drei Injektionen erhalten, darunter über 7500 Medizinalpersonen in Spitälern und Arztpraxen, 250 Angehörige des Polizei- und Gefängnispersonals, 1600 Patienten und deren Angehörige, 395 promiskuöse Homosexuelle, über hundert Prostituierte und 588 DrogenbenützerInnen.

Grafik 1: Rekonstruierter Verlauf der Hepatitis-B-Epidemie in der Schweiz (aus Lancet 1988)

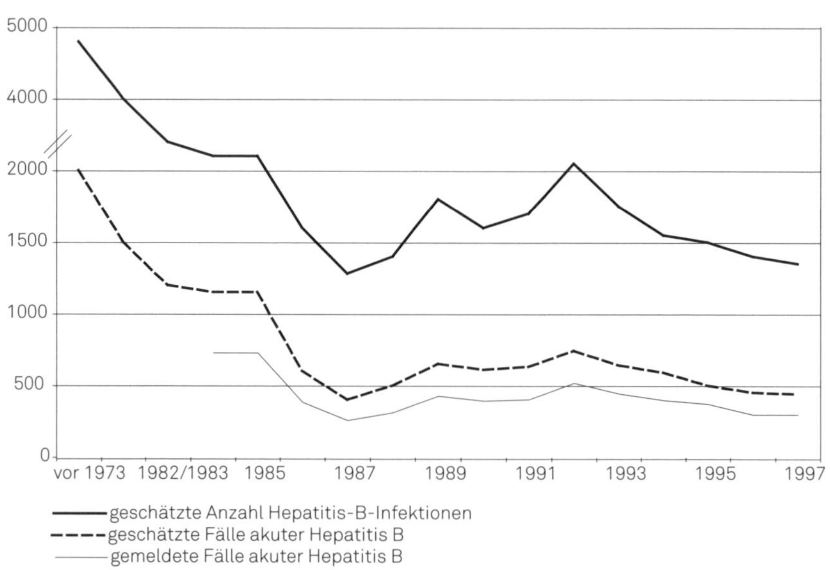

GASSENIMPFAKTIONEN: Bis 1983 waren über tausend Drogenbenützer geimpft. Man erreichte diese Impflinge in einigen bereits bestehenden festen Drogeneinrichtungen, vor allem aber auf der Gasse. Gassenimpfaktionen mit Ärzten des Instituts für Sozial- und Präventivmedizin und der Abteilung für klinische Immunologie des Universitätsspitals Zürich fanden ab 1982 mit Bewilligung der Behörden in Bussen oder Räumen am Bellevueplatz (zweimal) und Paradeplatz (einmal), im Frauenbad Limmat (zweimal) und in der Badeanstalt Utoquai (einmal) statt. «Gilbtaxis», das waren angeschriebene Privatautos, die von freiwilligen Gassenarbeitern gefahren wurden, transportierten DrogenbenützerInnen zu den Impforten. Es konnten jeweils bis 300 Impfungen durchgeführt werden. Aktionen an öffentlichen Orten waren in bestimmten Zeiten kaum mehr möglich. Freiwillige Arztpatrouillen zirkulierten deshalb in der Stadt und impften direkt auf der Strasse. Es war eine heikle Aufgabe, die richtigen Personen zu erkennen und anzusprechen.
Das Zürcher Pilotprojekt der Impfung gefährdeter Personen war weltweit pionierhaft, schloss erstmals Drogensüchtige ein und wurde 1989 gesamtschweizerisch offizialisiert. Es resultierte eine offizielle Empfehlung der Hepatitis-B-Impfung für Risikopersonen.[12]

Spritzenverbot und die Folgen

Kriminalisierung, Isolierung und Verfolgung der DrogenkosumentInnen sowie das Spritzenabgabeverbot führten zu einer Verelendung, zu Ansteckungen mit Hepatitis und Aids. Fotos (1988–1991) und Legenden von Gertrud Vogler.

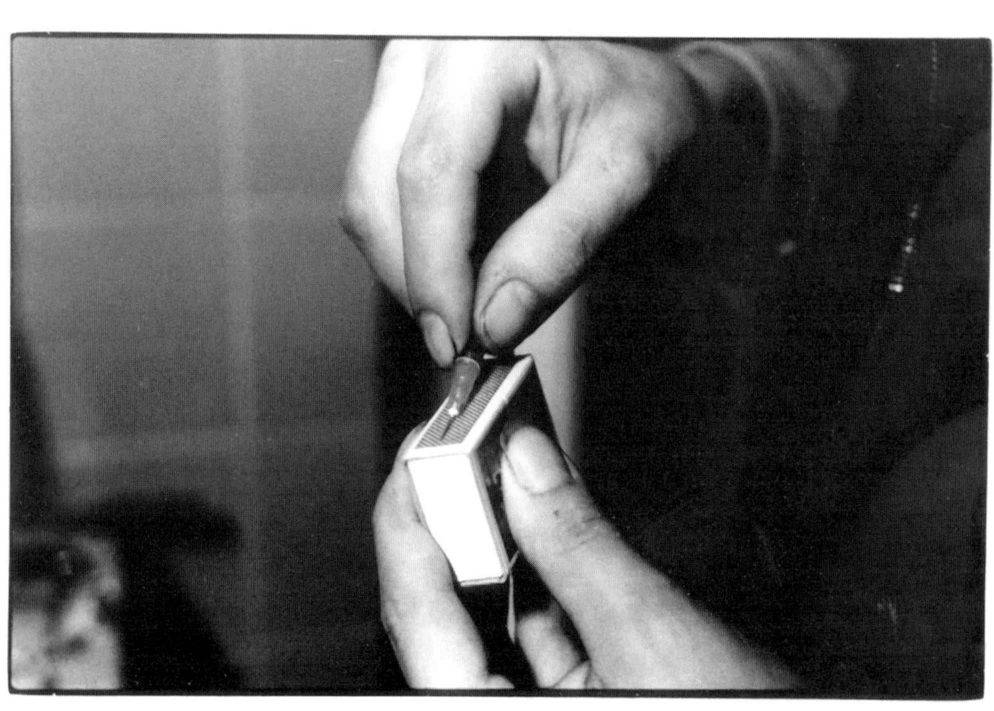

Bring öppis mit vom
Kleiner Bring öppis mit vom
Bring öppis mit vom Kleiner Bring öppis mit vom

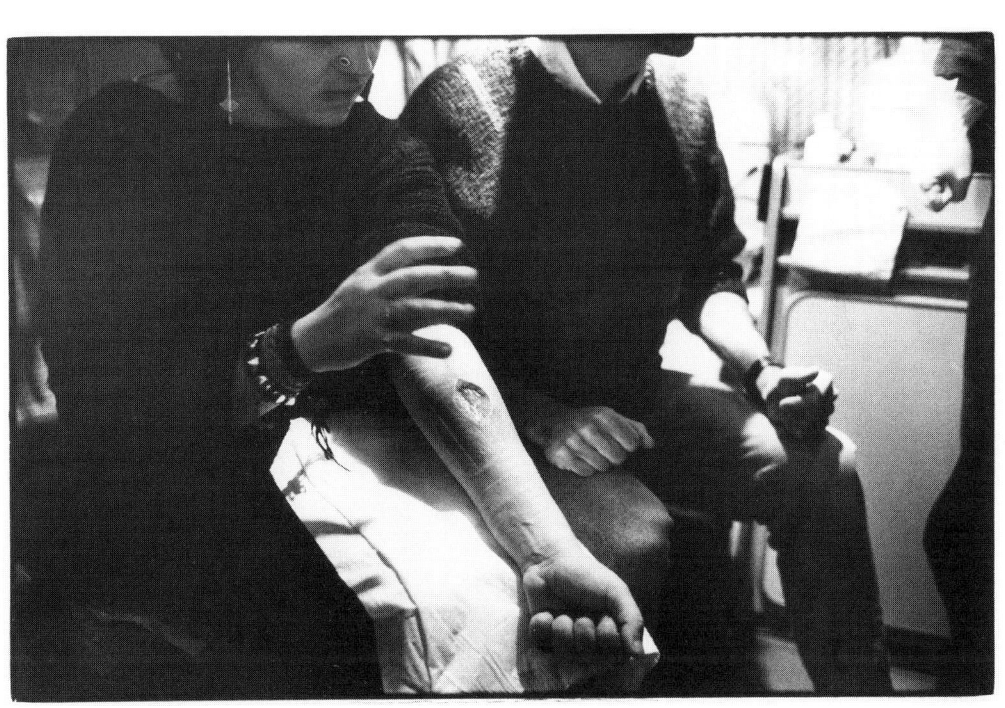

Tabelle 1: Errechnete Zahl von jährlich erfolgten HIV-Infektionen, 1978–1991

Jahr	Drogen-benützer	Homo-sexuelle	Hetero-sexuelle	Trans-fusion	Andere*	Total	kumu-lativ
1978		5				5	5
1979		20				20	25
1980	20	55	25			100	130
1981	70	270	50	5	5	400	530
1982	420	350	80	25	25	900	1 430
1983	660	600	80	20	40	1 400	2 830
1984	690	650	80	20	40	1 480	4 310
1985	720	580	78	10	20	1 408	5 718
1986	810	500	77	3	10	1 400	7 122
1987	790	400	200		10	1 400	8 518
1988	750	350	300		7	1 407	9 929
1989	700	350	310		5	1 365	11 290
1990	650	350	385		5	1 390	12 650
1991	600	350	609		5	1 564	14 244

* Erkrankung von Blutern und Kindern
Bulletin des Bundesamtes für Gesundheit, Sonderbeilage Infektionskrankheiten, 1992.

HIV-INFEKTION UND AIDS

Im Universitätsspital Zürich wurde 1984/85 die serologische HIV-Diagnostik eingeführt und es entstanden erste epidemiologische Aids-Studien. Im Rahmen einer Gassenimpfaktion war bereits 1984 ein Versuchs-Aids-Test angewendet worden, dies mit schriftlichem Einverständnis von willigen Fixern und ohne Abgabe der Resultate, welche anonymisiert wurden. Man fand positive Blutproben, Befunde, von denen sich die meisten später mit verbesserten Testsystemen bestätigen liessen. 1985 wurde vom Bundesamt für Gesundheit gesamtschweizerisch die Labormeldung für HIV-Infektionen und 1987 die Arztmeldung für Aids-Erkrankungen eingeführt. Da zwischen dem Auftreten einer Infektion und einer Erkrankung unbehandelt zwei bis zwanzig Jahre vergehen, konnte man nur mittels Berechnungsmodellen den Beginn und Ablauf der Aids-Epidemie rekonstruieren (Tabelle 1). Es zeigte sich, dass, abgesehen von möglichen Einzelfällen, die Epidemie in der Schweiz etwa 1978 begann, vorerst vor allem Homosexuelle betraf, bald

gefolgt von intravenös injizierenden DrogenbenützerInnen, die dann zur Hauptgruppe wurden. Nach einem steilen Anstieg wurde ab 1983 ein Plafond erreicht. Die Darstellung zeigt eindrücklich, wie wirksam die Prävention bei Bluttransfusionen war, als im Blutspendewesen 1986 die generelle HIV-Testung eingeführt wurde. Vor allem als schrecklich wahrgenommen wurde das Auftreten von Aids, anfänglich eine tödliche Erkrankung. Die Erkrankungszahlen waren naturgemäss kleiner als diejenigen der Infektionen und stiegen gegenüber den Infektionen verzögert an. Die ersten Aids-Erkrankungen wurden 1982 beobachtet. Es folgte ein starker Anstieg bis zu einem Plafond ab 1988. Auch hier bildeten DrogenbenützerInnen eine Hauptgruppe (Tabelle 2).
Was die Fachleute und Gesundheitsbehörden bereits bezüglich der Hepatitis B beunruhigt hatte, galt verstärkt für HIV. Der Ruf nach medizinischen Präventionsmassnahmen wurde unüberhörbar, und Fachleute forderten, den Drogenbenützern sterile Spritzen und Nadeln im Tausch gegen gebrauchte abzugeben. Das Betäubungsmittelgesetz liess dies nicht zu, wohl aber das Epidemiengesetz und das Gesetz für das Gesundheitswesen, die beide, wenn auch widersprüchlich, diese Massnahme offenliessen. Eine Güterabwägung der Zürcher Gesundheitsbehörde zugunsten des Epidemiengesetzes ermöglichte einen kleinen Pilotversuch. 1986 konnte anlässlich einer Gassenimpfaktion, trotz des noch nachhallenden Spritzenabgabeverbots des Kantonsarztes, erstmals ein Präventionskit mit Information, einer Spritze und Nadel sowie einem Kondom abgegeben werden, im vollen Wissen, dass erst ein Flächenangebot wirksam sein würde.

HEPATITIS C

1988/89 konnte die Diagnostik für Hepatitis-C-Infektionen eingeführt werden. Man erkannte, dass ein erschreckend hoher Anteil der intravenös injizierenden DrogenbenützerInnen mit dem Hepatitis-C-Virus infiziert war, einem Virus, welches nicht wie das HIV und das Hepatitis-B-Virus auch sexuell, sondern vorwiegend über infizierte Injektionen übertragbar ist. Damit war epidemiologisch noch überzeugender gesichert, dass das «needle sharing» auch für die Übertragung von HIV und Hepatitis-B-Viren wesentlich ist. Dank diesen Erkenntnissen wurde das Anliegen von Fachleuten noch dringlicher, zur Vermeidung von Infektionen mit «blutübertragenen» Viren (Hepatitis-B-Virus, HIV und nun auch Hepatitis-C-Virus) den Drogenbenützern saubere Spritzen und Nadeln zur Verfügung zu stel-

Tabelle 2: Gemeldete und errechnete neue Aids-Erkrankungen, 1981–1991

	1981	82	83	84	85	86	87	88	89	90	91	total
diagnostiziert		5	18	29	84	172	270	434	534	513	459	2 466
errechnet	1	4	18	51	111	192	295	412	523	600	652	2 859

Bulletin des Bundesamtes für Gesundheit, Sonderbeilage Infektionskrankheiten, 1992.

len. In Zürich bahnte sich ein Umdenken an, von dem man in den meisten Ländern Europas und Asiens und in den USA noch weit entfernt war. 1988 erfolgte hier ein Durchbruch.

Die Aktion Anti-Gilb-anti-Aids war 1987 durch die kantonale Ad-hoc-Impfkommission an zehn Stellen der Drogenhilfe begonnen und weitergeführt worden. Sie diente der Bekämpfung von Hepatitis und Aids.

4. GÜTERABWÄGUNG ZWISCHEN UNTERSCHIEDLICHEN GESETZESINHALTEN

Das Betäubungsmittelgesetz war seit 1975 nicht mehr geändert worden.[13] Es gab aber verschiedene Anregungen und Vorstösse. Insbesondere ging es um die Frage, ob man harte (Heroin und Kokain) von weichen Drogen (Cannabisprodukte) unterscheiden und den Gebrauch strafrechtlich getrennt behandeln solle. Jedenfalls galten Besitz und Gebrauch von Spritzen und Nadeln im Umfeld von illegalen Drogen bereits als Delikt, und man implizierte zudem, dass die Abgabe von Spritzenmaterial die Drogensucht fördere. Theoretisch hätte man deshalb das potentielle Deliktmaterial an Drogensüchtige gar nicht abgeben dürfen, konnte es aber bald auf dem Platzspitz in grossem Stil tun. Juristisch wurde dies durch das Epidemiengesetz von 1975 und das 1985 revidierte Gesetz über das Gesundheitswesen begründbar, wobei es um Güterabwägung ging. Es galt auf der einen Seite, jede Injektion von illegalen Drogen zu bekämpfen, da dadurch Krankheitskeime übertragen werden könnten. Die berechtigte, aber einseitige Begründung war: «Keine Spritze und Nadel, also keine Krankheitsübertragung». Die reale Situation war aber die, dass täglich zehntausende Spritzen und Nadeln im Drogenumfeld zirkulierten, mehrfach und damit unsteril gebraucht wurden und eine grosse Gefahr darstellten. Zur Bekämpfung einer Krankheitsausbreitung, ein wichtiges Ziel des Epidemiengesetzes, konnte also notgedrungen nur eine andere Devise gelten, nämlich gebrauchte Spritzen und Nadeln möglichst flächendeckend zu entfernen und durch steriles Material zu ersetzen. Der Umgang mit diesen Rechtsunsicherheiten beziehungsweise die entsprechenden Güterabwägungen waren für die Behörden schwierig; es gab Konflikte zwischen verschiedenen Departementen und Ämtern, und die Probleme wurden auch politisch unterschiedlich bewertet.

Für die einen war der Zürcher «Needle-Park» ein Ort des selbstverschuldeten Elends einer verantwortungslosen Jugend, die sich nur durch Repression unter Kontrolle bringen liess, ein Ort des Versagens auf vielen Ebenen, welcher möglichst rasch verschwinden, vergessen oder wenigstens verdrängt werden sollte, allein schon des schlechten Rufes wegen. Für die anderen war er ein Ort des Elends einer Jugend, die der Zeitgeist hervorgebracht hatte, die Kehrseite einer sonst erfolgreichen Epoche, einer boomenden Stadt, ein Augenöffner für die Dimensionen eines Problems, dem man sich stellen musste, nicht ausschliesslich

» *Eine andere «Güterabwägung»*

durch Repression, sondern durch mehr. Fernziel war es, den «Needle-Park» schliessen zu können, den betroffenen Drogenbenützern durch eine neue Strategie eine Chance zu geben und Krankheitsprävention sowie Erste Hilfe zu leisten, um weiteres Unglück zu vermeiden.

TEIL 2

PLATZSPITZ – «NEEDLE-PARK»

1988–1992

1. DAS ZÜRCHER INTERVENTIONS-PILOT-PROJEKT FÜR DROGENABHÄNGIGE GEGEN AIDS (ZIPP-AIDS)

ANSTOSS UND GRÜNDUNG

Am 14. März 1988 begrüssten sich auf dem Platzspitz zwei Personen, von denen die eine beim Schweizerischen Roten Kreuz, Kanton Zürich, und die andere im Universitätsspital Zürich tätig war. Sie kannten sich nicht, gingen spontan aufeinander zu, nicht weil sie sich bedroht fühlten, sondern weil sie anders angezogen waren als die 500 bis 600 Personen, die stehend, gehend, sitzend und liegend den Park bevölkerten. Das Rote Kreuz Zürich hatte zusammen mit der Drogenhilfsorganisation Zürcher Arbeitsgemeinschaft für Jugendprobleme und dem Verein unabhängiger Ärzte kurz zuvor ein kleines Hilfsprogramm begonnen, in einem Bus medizinische Nothilfe geleistet und Spritzen abgegeben. Die beiden neu Bekannten stellten unhaltbare Zustände fest, kamen zum Schluss, dass nur ein Grossprojekt Linderung bringen könne.

» *Man muss sich den FixerInnen in den Weg stellen und nicht draussen warten*

In den nächsten Wochen erfolgten Dutzende von Telefonaten, kürzere und längere Treffen mit vielen Vertretern derjenigen Institutionen, die sich schon lange aktiv um Drogenbenützer bemüht hatten. Eine ungewöhnliche Allianz entstand um das Projekt zu verwirklichen.
Die Träger waren:
das *Schweizerische Rote Kreuz Kanton Zürich,*
die *Abteilung für klinische Immunologie im Departement Innere Medizin, USZ*
das *Institut für Sozial- und Präventivmedizin der Universität Zürich,*
der *Sozialpsychiatrische Dienst der Psychiatrischen Universitätsklinik,*
der *Stadtärztliche Dienst* und
der *Verein Drogenentzug und Drogenhilfe.*
Man nahm Kontakt mit den Oberbehörden auf und fand an Schlüsselstellen Zustimmung: im Gesundheitsdepartement (Stadtrat Wolfgang Nigg, Stadtarzt Albert Wettstein), im Sozialdepartement (Stadträtin Emilie Lieberherr) und im Polizeidepartement (Stadtrat Robert Neukomm) der Stadt Zürich sowie im Bundesamt für Gesundheit (Direktoren Beat Roos

Das politische Umfeld zu Beginn von Zipp-Aids im Spiegel von Presseschlagzeilen aus dem Jahr 1989

Die Drogenszene auf dem Platzspitz war langsam entstanden, wurde zwar zur Kenntnis genommen, aber nur am Rande. Eine eigentliche politische Kontroverse fing erst an, als neben der polizeilichen Repression die Drogenhilfe an Ort begann.

«SVP fordert Einschreiten am Platzspitz» (Neue Zürcher Zeitung, 10. Januar)
«SVP macht grosse Worte, mit kurzen Gedankengängen» (Tages-Anzeiger, 10. Januar)
«Gemeinderat heisst dringliche Motion gut (67 Ja, 47 Nein). Man will Direkthilfe auf dem Platzspitz» (Tages-Anzeiger, 11. Januar)
«Heimlicher SBB-Baracken-Abbau, in dem eine Tageshilfe mit einem Sanitätszimmer hätte eingerichtet werden sollen, eine Provokation» (Tages-Anzeiger, 19. Januar)
«Nigg hat sein Versprechen für verstärkten Polizeieinsatz nicht gehalten» (Volksrecht, 3. April)
«Drogenszene am Platzspitz schockiert auch das Ausland» (Blick, 3. April)
«Anstelle einer nicht bewilligten Demo gibt es auf dem Platzspitz ein friedliches Picknick» (Tages-Anzeiger, 22. Mai)
«Drogenhölle ruiniert Zürichs Ruf» (Blick, 8. Juni)
«Bewaffnete Polizeipatrouillen in Basel» (Tages-Anzeiger, 8. Juni)
«Ein Polizist berichtet: Süchtige sind nicht besser und nicht schlechter als Sie» (Züri-Woche, 1. Juni)
«Wenn Kinder im Drogensumpf versinken» (Züri-Woche, 1. Juni)
«Drogenhölle Zürich» (Schweizer Illustrierte)
«Verkehrsdirektor: Schandfleck Platzspitz muss weg. Polizei hilflos» (Blick, 7. August)
«Wagner muss etwas tun» (Blick, 12. August)
«SVP fordert Räumung des Platzspitzes» (Tages-Anzeiger, 24. August)
«Aids-Prävention in der Drogenszene unabdingbar» (Neue Zürcher Zeitung, 28. September)
«FDP: Für Fixerraum, gegen Szenen-Räumung» (Tages-Anzeiger und Neue Zürcher Zeitung, 29. September)

und später Thomas Zeltner). In kürzester Zeit wurden die notwendigen behördlichen Bewilligungen erteilt und ausreichend finanzielle Mittel gesprochen, im damaligen politischen Umfeld mutige und wegweisende Schritte. Dem Projekt stand nichts mehr im Weg. Die Gründung von «Zipp-Aids» erfolgte Mitte 1988.

ZIELE, ORGANISATION UND FINANZIERUNG

Die Absicht war es, im leer stehenden Kiosk- und Toilettenhaus auf dem Platzspitz eine medizinische und präventivmedizinische Organisation aufzubauen unter Respektierung der bestehenden Drogenpolitik, auch bezüglich Auflagen der Polizei, und mit der mutuellen Abmachung, sich von politischen Auseinandersetzungen möglichst fernzuhalten. Die konkreten Ziele waren die Reduktion von Neuinfektionen mit den Hepatitisviren B und C und dem HIV durch die Abgabe von sterilem Injektionsmaterial (Spritzen und Nadeln) auf Tauschbasis sowie durch die Abgabe von Alkoholtupfern und Kondomen. Zudem sollten medizinische Ersthilfe bei Verletzungen, Atemstillständen und akuten Erkrankungen geleistet sowie das Hygiene- und Gesundheitsbewusstsein von Drogenbenützern verbessert werden. Der Grossversuch sollte wissenschaftlich dokumentiert und ausgewertet werden.

» *Medizinalisierung des Platzspitzes – ein weltweit erster Grossversuch*

Die Zielsetzung beschränkte sich bewusst auf präventivmedizinische und medizinische Aspekte und fand deshalb auch behördliche Zustimmung. Das grosse Aufkommen der Drogensucht, ein weltweites kulturelles Phänomen, hatte die Behörden hilflos werden lassen, hatte zur offenen Grossszene auf dem Platzspitz geführt. Man sah in deren Auflösung noch keinen Sinn, hatte noch kaum neue Visionen. Der Platzspitz konnte auch nicht der Ort sein, DrogenbenützerInnen von ihrem Tun abzuhalten. Dies musste ausserhalb geschehen. Was Sinn machte, war, Krankheiten und deren Folgen zu vermeiden, um bessere Voraussetzungen zu schaffen, die Sucht unter Kontrolle zu bringen und eine spätere Rehabilitation zu erreichen. Für einen Aids-Kranken waren die Chancen dafür erschwert, allein schon der gesellschaftlichen Diskriminierung wegen.

Die Organisation und die Verantwortlichkeiten mit flacher Hierarchie und enger Zusammenarbeit wurden festgelegt,[14] um eine rollende Planung zu gewährleisten. In der Organisation waren zudem Vertreter vieler weiterer Institutionen und Projekte eingebunden, um eine enge Vernetzung zu er-

Tabelle 3: Kredite für Zipp-Aids in CHF

	Stadt Zürich	Bundesamt für Gesundheit	Total
1988/89 (13 Monate)	465 000	600 000	1 065 000
1990	951 000	372 000	1 323 000
1991	1 106 000	772 000	1 878 000
1992 (36 Tage)	460 000	439 000 + 106 500*	1 005 000
Total	2 982 000	2 449 000	5 431 000

* zusätzliche Quellen

Tabelle 4: Ausgabenverteilung für Zipp-Aids

ärztliches Personal (Zipp-Aids-Team)	15,2 Prozent
Pflegepersonal (Zipp-Aids-Team)	19,2 Prozent
administratives Personal	2,7 Prozent
Personalevaluation	2,6 Prozent
Total Personal	39,7 Prozent
Material (Spritzen und Nadeln)	44,9 Prozent
übriges Material	15,4 Prozent
Total Material	60,3 Prozent

reichen, mit den Kontakt- und Anlaufstellen des Sozialamtes, der Drop-ins, der Zürcher Aids-Hilfe, der Zürcher Aids-Projekte, der Aids-Hilfe Schweiz. Für die Betriebsorganisation wurde auf dem Platzspitz eine verantwortliche Leitung (Chefarzt) bestimmt. Alle am Zipp-Aids beteiligten Personen hatten sich schon vorher intensiv mit Drogensüchtigen und deren medizinischen Problemen befasst. Fast alle waren Fachpersonen der Krankenpflege oder Ärzte, darunter auch einige Mitglieder der medizinischen Fakultät der Universität. Diese ausgeprägte fachliche Ausrichtung hatte wesentlich dazu beigetragen, dass das Projekt überhaupt zustande kam.

In zwei Verträgen wurden Aufgaben und Finanzierung festgelegt: mit dem Bundesamt für Gesundheit für Aids-Prävention und praxisorientierte, Perspektiven aufzeigende Forschung sowie mit der Stadt Zürich (in Absprache mit dem Kanton) für Infrastruktur und Ausführung. Im Laufe des Projekts gab es Vertragsanpassungen und -erweiterungen und einen Nachtragskredit. Die bewilligten Anfangskredite 1989/90 betrugen 1 377 000 Franken (Stadt Zürich), 1 062 000 Franken (Bundesamt für Gesundheit), total 2 439 000 Franken. Allfällige Nachtragskredite waren vorgesehen, sollte das Angebot Erfolg haben. Das Projekt wurde vorerst für zwei Jahre bewilligt und dann verlängert. Tabelle 3 gibt die Kreditsummen an, die dem Zipp-Aids 1988/89–1992 gesamthaft zur Verfügung standen.

BASISTÄTIGKEIT

Die Stadt Zürich stellte das Kiosk- und Toilettenhaus auf dem Platzspitz und wenig später zusätzlich einen Sanitätsanhänger zur Verfügung.[15] Das Zürcher Rote Kreuz begann die Rekrutierung von Pflegepersonal und baute ein Materiallager und das Transportwesen auf. Auf eine Kleinannonce im Universitätsspital Zürich meldeten sich spontan über fünfzig Schwestern zum allfälligen Einsatz. Unter praktizierenden Ärzten und Medizinstudenten fanden sich viele Freiwillige. Die Dokumentation zur wissenschaftlichen Auswertung sowie das Bestellwesen und die Abwicklung finanzieller Transaktionen wurden festgelegt.

Bereits am Ende der ersten Woche frequentierten mehr als 500 Drogenbenutzer täglich das Zipp-Haus, vor allem an den Abenden des Wochenendes. Es war damit offensichtlich, dass die Öffnungszeiten möglichst lange sein müssten; man einigte sich auf sechzehn Stunden (sieben bis dreiundzwanzig Uhr) und setzte rotierende Dienste ein. Von Beginn an war klar, dass die Dienstleistung an 365 Tagen im Jahr erfolgen sollte und dass die Wochenenden und Feiertage besonders wichtig waren. Bis zum Ende des Zipp-Aids, das heisst über drei Jahre lang, konnten die Hilfeleistungen an allen Tagen sichergestellt werden. An Ort arbeiteten permanent ein Arzt und zwei Schwestern oder Pfleger, oft verstärkt durch eine bis zwei Hilfspersonen (freiwillige praktizierende Ärzte, Medizinstudenten und sozial engagierte BürgerInnen).

» *Die Sucht hielt sich nicht an Bürozeiten und Feiertage*

Niemand hatte die Grösse der Aufgabe und das Ausmass der Benützung des Angebotes geahnt. Viele der Drogenbenützer waren sich der Gefahren «unreiner» Spritzen bewusst, hatten bereits den «Gilb» (Hepatitis) durchgemacht und von HIV-infizierten Kollegen gehört. Sie kamen in Scharen, ohne dass man sie je hätte dazu animieren müssen. Im Platzspitz-Zipp-Haus kam es jährlich zu 500 000–800 000 Personenkontakten (von November 1988 bis 5. Februar 1992 total über 2,2 Millionen). Die Leistung nahm jedes Jahr stark zu (Tabelle 6).

Tabelle 5: Hilfeleistungen durch Zipp-Aids 1988–1992

	jährlich abgegeben	Total
Spritzen und Nadeln	1,5–3,3 Mil.	7,4 Mil.
Zusatznadeln	460 000–1,3 Mil.	2,8 Mil.
Alkoholtupfer	1,5–3,4 Mil.	7,9 Mil.
Venensalben	135 000–615 000	1,3 Mil.
Kondome	50 000–125 000	280 000

	jährlich durchgeführt	Total
medizinische Konsultationen	8200–9400	28 000
künstliche Beatmungen	1000–3600	7000
Spitalüberweisungen	240–340	920

Tabelle 6: Leistung im Zipp-Aids-Haus 1989–1991

	1989	1990	1991	Total
Personenkontakte	508 500	742 583	818 296	2 069 379
Abgabe von				
– Spritzen-und-Nadel-Sets	1 459 000	2 525 000	3 340 369	7 324 369
– Zusatznadeln	468 000	950 000	1 270 000	2 688 000
– Alkoholtupfern	1 494 000	2 610 400	3 400 000	7 804 000
– Venensalben	135 000	400 000	615 000	1 150 000
– Kondomen	50 000	84 000	125 000	259 000
medizinische Konsultationen	8 230	9 050	9 395	26 675
künstliche Beatmungen	1 038	2 091	3 608	6737
HIV-Tests	388	235	230	853
Spitalüberweisungen	238	314	338	890

Tabelle 7: Durchschnittliche Tagesleistung von Zipp-Aids (Beispiele) 1989–1991

	1989	1990	1991	Spitzentage 1991
Personenkontakte	1393	2043	2242	bis 3000
Abgabe von				
– Spritzen-und-Nadel-Sets	3997	6918	9150	bis 12 000
– Zusatznadeln	1282	2603	3480	bis 5000
– Alkoholtupfern	4093	7150	9315	bis 13 000
– Venensalben	370	1095	1685	bis 2000
– Kondomen	136	230	342	bis 500
Medizinische Konsultationen	23	25	26	bis 30
Spitalüberweisungen	0,7	0,9	0,8	bis 2
künstliche Beatmungen	3	6	10	bis 20

Diese Gesamtzahlen sind abstrakt, lassen kaum erahnen, wie gross die Leistung des Zipp-Aids-Teams, des Pflegepersonals und der Ärzte war, wohl aber die Tagesleistung (Tabelle 7). Man hatte sich kaum vorstellen können, dass einmal drei bis vier Personen imstande sein würden, im engen Zipp-Haus täglich an über 2000 Personen mehr als 9000 Spritzen-und-Nadel-Sets und weiteres Präventionsmaterial abzugeben und dazu noch viel medizinische Ersthilfe zu leisten. Pro Person wurden anfänglich maximal zehn Spritzen-und-Nadel-Sets getauscht, dann noch fünf und schliesslich drei, um eine bessere Kontrolle zu erreichen. Viele Fixer kamen deshalb mehrmals pro Tag.

» *Das Zipp-Aids-Team stiess bald an Grenzen*

ANFANGSPROBLEME

PLATZMANGEL: In der engen Kiosköffnung im Zipp-Haus konnte jeweils nur eine Person den Spritzenumtausch vornehmen, was zu langen Schlangen und Hektik führte. Im Hausinneren herrschten engste Platzverhältnisse, wobei neben Material und Personal oft auch Notfälle platziert werden mussten. Man gewöhnte sich zwangsläufig daran.

SPRITZEN UND NADELN: Täglich mussten mehrere tausend gebrauchte Spritzen und Nadeln entsorgt werden, eine grosse Gefahr akzidenteller Stichverletzungen für Drogenbenützer und Personal. Erst die Einführung spezieller; stichfester Behälter mit geeigneter Öffnung verschafften Erleichterung. Die Entsorgung übernahmen das Zürcher Rote Kreuz und das Universitätsspital Zürich.

Für eine medizinisch ungefährliche Injektion braucht es sterile Spritzen und Nadeln sowie eine Desinfektion (zum Beispiel Alkoholtupfer). Die Abgabe von optimalem Injektionsmaterial im Umtausch mit gebrauchtem Material war deshalb eine vordringliche Aufgabe. Schon in den ersten Monaten der Zipp-Aids-Tätigkeit wurde man sich des manchmal erbärmlichen Zustands der Drogeneinstichstellen bewusst. Viele Drogenbenützer hatten verhärtete Venen unter verkrusteter, narbiger Haut und konnten nur noch an ungeeigneten Stellen, zum Beispiel am Hals, ein durchgängiges Blutgefäss finden. Sie hatten bis anhin oft nur ungeeignete Nadeln zur Verfügung gehabt. Auch die zunächst eingekauften Nadeln des Zipp-Aids erwiesen sich als nicht optimal. Einige Spitäler stellten gratis über hunderttausend Insulinspritzbestecke zur Verfügung, die sie nicht mehr brauchten. (Man hatte auf noch besseres Material umgestellt.) Dieses Material (für intramuskuläre

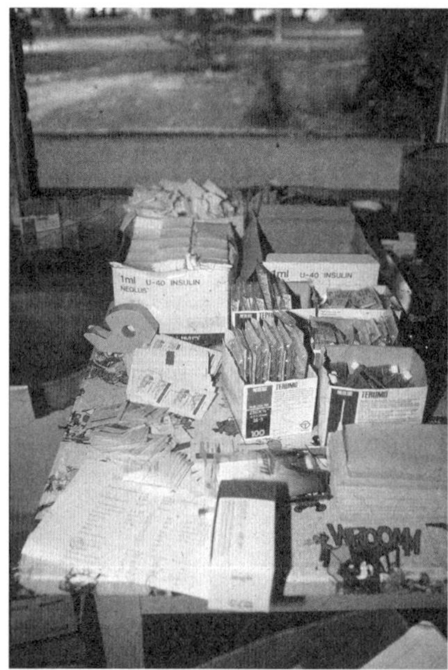

Im und um das Zipp-Haus: enge Platzverhältnisse. (Fotos P. G. und Gertrud Vogler)

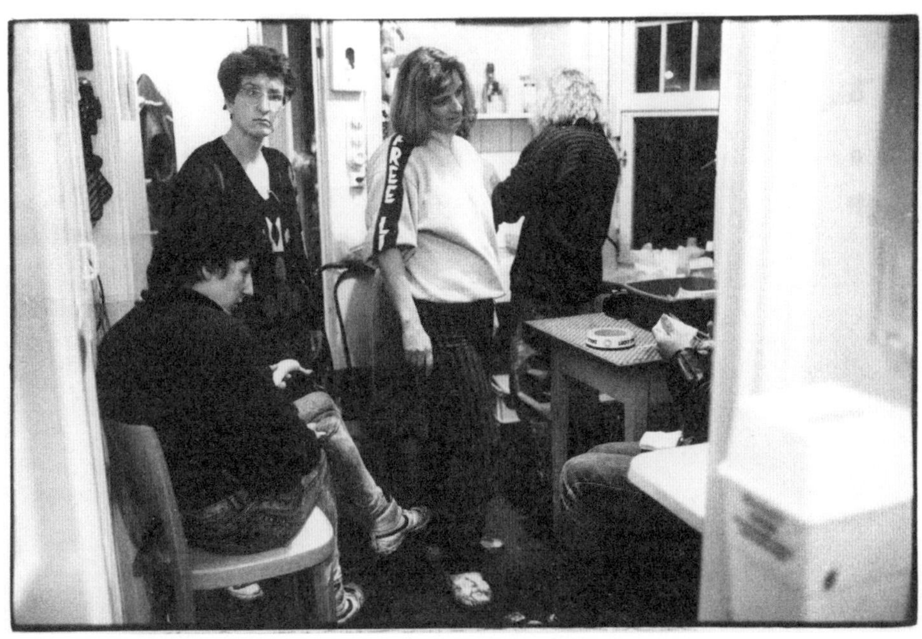
FREE

ZIPP

Die Arztstation neben dem Zipp-Haus und der «grüne Bus» des Sozialdepartements. (Fotos Gertrud Vogler)

Injektionen) erwies sich jedoch für Drogenbenützer als wenig geeignet.[16] Da man realisierte, dass man Millionen von Spritzen benötigen würde, konnte eine Grossbestellung mit optimalem Material und günstigem Preis getätigt werden. Es wurde rasch auch erkannt, dass Drogenbenützer für eine Injektion oft mehr als eine Nadel brauchten (Schäden beim Aufziehen, Verstopfung usw.). Deshalb wurden Zusatznadeln abgegeben.

KÜNSTLICHE BEATMUNG: Man hatte die Häufigkeit des Auftretens von Atemstillständen bei den Drogenbenützern (bei Überdosierungen) unterschätzt, Zustände, die ohne rasche Bereinigung zu Dauerschäden führen können. Man musste das Personal zusätzlich ausbilden und zusätzliches Material anschaffen, so Sauerstoffbomben, die von der nahe gelegenen Sanitätswache bezogen und nachgefüllt werden konnten. In der Regel wurde während zehn bis zwanzig Minuten unter Zugabe von Sauerstoff mit einem Beatmungsbeutel künstlich beatmet. Dann wachten die Betroffenen benommen auf.

KOORDINATION: Polizei und Sanität waren schon bei der Planung von Zipp-Aids beigezogen, die wichtigsten Schnittstellen besprochen worden. Mit der Polizei ging es noch um genaue Absprachen, zum Beispiel über die Zipp-Aids-Tätigkeit während Razzien. Es konnten – wie auch in den nächsten Jahren und in anderen Fragen – jeweils für beide Seiten tragbare Lösungen gefunden werden. Der Platzspitz erwies sich bald für die Sanität als grosse Belastung, mussten doch fast täglich Drogenbenützer in Spitäler gebracht werden. Die Zusammenarbeit zwischen Zipp-Aids und der Sanität blieb während all den Jahren gut.

BERUFLICHE ANPASSUNG: Die Arbeit auf dem Platzspitz war streng und aufreibend und für alle auch völlig ungewohnt. Der Unterschied zur Arbeit in einem Spital oder in einer Arztpraxis war enorm, zwei Welten. Wöchentliche Teamsitzungen dienten daher der Aussprache und Instruktion. Es gab auch regelmässige Weiterbildungsveranstaltungen.

BESONDERE EREIGNISSE

NEUE KONSUMARTEN: Immer mehr Drogenbenützer begannen ihren Konsum bezüglich Wirkungsart und Dauer zu optimieren, begannen mit Kokain auf Inhalationsbasis (Crack, verdampfbares Kokainsalz mit schneller, intensiver, aber kurzer Wirkung, «Einschuss»), landeten bei dem länger wirkenden intravenös injizierten Heroin, um den Drogenrausch mit einem Beruhigungsmittel, Rohypnol, ausklingen zu lassen. Zur Heroininjektion kam damit das Folienrauchen von Kokain hinzu. Besonders gefährlich waren die Mischungen verschiedenster Drogen und Streckungsmittel. Das erwähnte komplexe Konsumverhalten brachte eine zunehmende Beschaffungshektik und grosse Stimmungswandel auf dem Platzspitz mit sich, je nach Sättigung des Marktes. Eine Rolle spielten natürlich die Polizeirazzien, auch wenn sich in der Szene eine gewisse «Routine» breitmachte.

TAGESSCHWANKUNGEN: Es gab grosse tageszeitliche Unterschiede: eine Morgenstosszeit zwischen 7.30 und 8.30 Uhr, eine ruhigere Morgenzwischenzeit, eine Mittagsstosszeit von 12.30–13.30 Uhr, eine Nachmittagsruhezeit und einen Hauptandrang zwischen 16.30 und 21.30 Uhr. Es gab Zeiten, in denen vorwiegend Langzeitaufenthalter anwesend waren, und solche, in denen auch halbintegrierte oder voll berufstätige Drogenbenützer (auch höhere Angestellte von Bank- und Handelsbetrieben) auftauchten, dies vor allem zum Einkauf von Drogen und zur Beschaffung von Spritzen und Nadeln.

» *Der «Needle-Park» hatte ein eigenes Gesicht, eigene Regeln, Bedürfnisse und Leiden*

PERSONENROTATION: Mit der Zeit wurde die Personenrotation generell grösser; es befanden sich auf dem Platzspitz konstant zwischen 200 und über tausend Fixer, aber immer wieder andere. Dies führte an bestimmten Tagen, vor allem übers Wochenende, zu einem grossen Personendurchlauf (bis zu geschätzten 2000).

Einer der Gründe für die verstärkte Personenrotation war die erwähnte Erkenntnis der Drogenbenützer in der ganzen Schweiz, dass der Gebrauch von unsauberen Spritzen und Nadeln gefährlich sei. Nur auf dem Platzspitz in Zürich erhielt man sauberes Material in einem niederschwelligen Umfeld. Drogenbenützer aus der ganzen Schweiz deckten sich in Zürich ein, da sonst nirgends ähnliche Angebote zur Verfügung standen. Vom präventivmedizinischen Standpunkt war dies sehr erwünscht, hatte man doch berechnet, dass in der Schweiz täglich mehr als 50 000 saubere Spritzen-und-Nadel-Sets abgegeben werden müssten, um eine wirksame HIV- und Hepatitisinfektionsprävention zu erzielen. Der Öffentlichkeit drang dies als «Sogwirkung» negativ ins Bewusstsein, kräftig geschürt durch Kreise, die der ganzen Entwicklung ohnehin negativ gegenüberstanden und die These schürten, dass der Drogenmarkt, der «Drogenbazar», für den Sog wesentlich sei. Dies war wenigstens in Fachkreisen kein stichhaltiges Argument, da es in Bern, Basel und anderswo ebenso leicht war, an Drogen zu kommen, wie in Zürich.

«FILTERLI-TISCHE»: Schon 1988 entstanden um das Rondell herum von Fixern gebaute Stände aus Brettern, Stützen aller Art und «ausgeborgten»

SBB-Gepäckwagen. An den Ständen wurden Filter und Löffel angeboten, notwenige Gegenstände zur Zubereitung von Heroinpulver in injizierbarer Form. Auf den Tischen konnten die Drogen hygienischer aufbereitet werden, als irgendwo auf dem Boden. Das Zipp-Aids-Team überwachte die Tätigkeiten an den «Filterli-Tischen», insbesondere die Hygiene, gab Ratschläge und saubere Löffel ab. Wissenschaftliche Arbeiten hatten gezeigt, dass das unsachgemässe Herrichten von in Spritzen aufziehbarem Heroin in blutverschmutzten Löffeln eine virale Infektion übertragen könne. Man gab deshalb zusätzliches Desinfektionsmaterial und Ascorbinsäure zur besseren Auflösung des Heroinpulvers ab. An den Tischen wurde nicht mit Drogen gehandelt. Deren Betreiber profitierten, indem sie aus acht bis zehn gebrauchten Filtern, die sie zusammenpressten, gerade genügend Heroin herausdrücken konnten, um selbst einen «Schuss» zu setzen. Die Tische wurden unter polizeilicher Überwachung immer wieder weggeräumt, wenn die Zustände untolerabel geworden waren oder wenn von politischer Seite rigoroses Handeln gefordert wurde. Sie wurden aber immer wieder geduldet; täglich morgens weggeräumt, tagsüber wieder aufgebaut.

EITRIGE INFEKTIONEN: Zunehmend begannen Fixer dicht gedrängt auf dem Rondell zu schlafen. Eine Epidemie eitriger Pusteln entstand bei Dutzenden von Dauergästen, bakteriell verursacht. Man behandelte mit Antibiotika. Alle Wolldecken und anderes Material ums Rondell wurden verbrannt. Innert zwei Wochen klang die «Epidemie» aus. Kleinere Ausbrüche gab es jedoch immer wieder.

Es war schon bekannt, dass bei DrogenbenützerInnen oft Spritzenabszesse und Phlegmone, grossflächige Gewebsentzündungen, auftreten. Das Ausmass wurde auf dem Platzspitz rasch sichtbar. Abklärungen im Rahmen einer Dissertation in den Zürcher Spitälern und medizinischen Drogeneinrichtungen wie dem Krankenzimmer für Obdachlose und dem Sunne-Egge zeigten, dass jährlich rund 250 Drogenbenützer (1990: 238, 1991: 247 und 1992: 259) stationär operiert und längere Zeit gepflegt werden mussten. Zipp-Aids förderte deshalb die Abgabe von Venensalben, verstärkte die Instruktionen und führte Nachbehandlungen durch.

ZUSÄTZLICHE PROGRAMME – DEZENTRALISATION

Das Zipp-Haus hatte grosse Mühe, die Basistätigkeit zu bewältigen. Man erweiterte daher die Tätigkeit auf dem Platzspitz selbst und ausserhalb. Schon in den ersten Wochen des Zipp-Aids wurde klar, dass im überfüllten Zipp-Haus eine ambulante medizinische Tätigkeit kaum möglich war, obschon dafür ein grosses Bedürfnis bestand. Die Stadt stellte Ende Februar 1989 ein Fahrzeug des Sanitätskorps zur Verfügung, einen Katastrophenanhänger, der neben dem Zipp-Haus platziert wurde. Dort fanden täglich Arztvisiten mit Beratungen, medizinischen Untersuchungen und Wundpflege statt, und es konnten auch Teamsitzungen durchgeführt werden. 1989 gab es dort insgesamt 6000 Arztvisiten (täglich achtzehn), 1990 3927 (täglich elf), dann nur noch Aids-Beratungen.

» *Zipp-Aids dehnte seine Tätigkeit aus*

ZELTAKTION – «FIXER SCHÜTZ DICH»: 1989–1991 wurde auf dem Platzspitz für jeweils zwei bis drei Tage ein Grosszelt aufgestellt. Drei bis vier Ärzte in abgetrennten Zonen beantworteten die Fragen der Drogenbenützer betreffend Infektionen mit den Hepatitisviren A, B und C und mit HIV und entnahmen Blut zu entsprechenden serologischen Untersuchungen, dies mit schriftlicher Einwilligung zur Untersuchung und anonym (unter Verwendung eines persönlichen Schlagworts). Die Resultate konnten eine Woche später im Zipp-Aids-Haus erfragt werden (mit schriftlichem Bericht); es wurden dort auch Fragen zum Testresultat beantwortet. Das Interesse war viel grösser als erwartet. Pro Jahr nahmen jeweils mehrere Hundert Personen teil.[17] Es bestätigte sich, was man schon lange realisiert hatte, dass Drogenbenützer an sich gesundheitsbewusst sind, die Sucht aber alle guten Vorsätze schwinden lässt. Es wurden auch die Impfausweise kontrolliert und hunderte Hepatitis-B-Impfinjektionen durchgeführt. Diese Zeltaktionen waren koordiniert mit der erwähnten Impfkampagne, «Fixer schütz dich, Anti-Gilb, Anti-Aids», eine spezielle Aktion, die schon 1987 begonnen worden war und nun auf dem Platzspitz 1989–1991 eine neue Dimension erhielt.

SPRITZENBUSSE: Zur Entlastung des überforderten Platzspitzes wurden ab 1990 dezentral von Zipp-Aids zwei Spritzenbusse eingesetzt. Sie wurden von den Verkehrsbetrieben der Stadt Zürich günstig gekauft und von den VBZ unentgeltlich zweckdienlich umgerüstet. Feste operative Stationierungsplätze waren (nach Absprache mit der Polizei) das Neumühlequai und die Gessnerallee. Ausserhalb der Öffnungszeiten standen die Busse auf dem Kasernenareal neben einem festen Sanitätsanhänger mit Material und Stromanschluss. Die Personalbelegung der Aussenstationen bestand jeweils in einem Arzt und zwei Pflegepersonen, die täglich sechs bis acht Stunden im Einsatz waren. Es wurden die gleichen Aufgaben erfüllt wie im Zipp-Haus auf dem Platzspitz.

FUSSPATROUILLEN: Von den Aussenstationen Neumühlequai und Gessnerallee gingen täglich Fusspatrouillen auf einer mit der Polizei abgesprochenen Route aus. Die Patrouillen, ausgerüstet mit Materialrucksack und Funkgerät, tauschten Spritzen und Nadeln, verteilten Venensalben, Alkoholtupfer und Kondome und leisteten Erste Hilfe. Eine Runde dauerte zwei bis drei Stunden.

Zwischen den Öffnungszeiten des Zipp-Aids-Hauses von sieben bis dreiundzwanzig Uhr lagen in sehr kalten Nächten kritische Stunden. Nach dem tragischen Erfrierungstod eines Drogenbenützers wurden in kalten Nächten stündliche Zusatzpatrouillen über den Platzspitz durchgeführt, vor allem von freiwilligen Medizinstudenten.[18]

SPRITZENAUTOMATEN: Um das Zipp-Haus zu entlasten, wurden Versuche mit Spritzenautomaten durchgeführt. Ein funktionierendes Modell wurde an mehreren Stellen in der Stadt aufgestellt. Die Automaten wurden zwar rege benützt (täglich 100–300 Spritzen-und-Nadel-Sets), konnten aber nicht mehr als eine nützliche Ergänzung sein.

KUNSTAUSSTELLUNG: Man suchte nach Möglichkeiten, Drogenbenützer kreativ zu beschäftigen. Drei freiwillige Malexpertinnen[19] führten in den Räumen des Drahtschmidli/Dynamo und im Tagesraum an zwei Tagen pro Woche Malkurse für Drogenbenützer durch; es nahmen jeweils fünf bis fünfzehn Personen teil. Das Resultat waren mehr als hundert eindrückliche Bilder. Dank grossem Entgegenkommen der Zürcher Präsidialabteilung[20] und unter Mitwirkung des Graphikateliers des Dynamo-Teams[21] fand vom 10. bis 27. November 1992 eine Ausstellung dieser Bilder mit dem Titel «Warten braucht Zeit» im Stadthaus Zürich statt. Die Eröffnung übernahm Stadtpräsident Estermann. Die Ausstellung war ein grosser Erfolg, wurde auch von den Medien gewürdigt, und mehr als vierzig Bilder wurden verkauft.

» *FixerInnen drückten sich auf eigene Art aus, wie man es nicht vorgestellt hatte*

1992 wurden im Stadthaus Bilder von Drogensüchtigen ausgestellt. (Fotos P. G.)

Entzug
Therapie
Lehre
Geld
Haus
Familie
Ein neues Leben
Ehemann
Leben kaputt
Drogen
kein Geld
Deal
Aids
Tot!
28. 7. 91

STUDENTENFÜHRUNGEN: Im Rahmen der Vorlesung Immunologie für Medizinstudenten wurden abendliche Führungen mit Diskussion auf dem Platzspitz angeboten, dies in Gruppen von acht bis zehn Personen. Pro Jahreskurs nahmen über 200 Medizinstudenten teil. Absicht war es, den angehenden Ärzten Verständnis und Wissen über die Drogenkonsumkrankheit und die damit verbundene Infektionsgefährdung zu vermitteln. Viele Studenten meldeten sich nach den Führungen als Freiwillige oder als Dissertanden. Ein Mitglied des Vereins für psychologische Menschenkenntnis (VPM) verlangte, dass man dem Koordinator des Zipp-Aids den Lehrauftrag entziehe, weil er die Studenten zur Drogenhilfe «aufhetze». Der Rektor der Universität winkte sofort ab.

ÖFFENTLICHKEITSARBEIT: Das öffentliche, auch weltweite Interesse am Platzspitz wurde immer grösser, brachte neue Aufgaben: Man half, so gut es ging, machte Führungen und gab Dokumentationsmaterial ab. Bei den interessierten Gruppen handelte es sich um BundespolitikerInnen (unter anderen Bundesrätin Ruth Dreifuss), Zürcher Gemeindepräsidenten, Vertreter von fast allen politischen Parteien und anderen Interessenvertretern, die sich an Ort ein Bild machen wollten. Die Medien entdeckten den Platzspitz als Thema: Es kamen viele Journalisten aus der Schweiz, aber auch aus dem Ausland, hunderte Artikel erschienen in Zeitungen in Europa, den USA und vor allem im asiatischen Raum. Radio- und Fernsehstationen berichteten über den «Needle-Park».[22]

TEAMGEIST: Mehr als hundert Personen waren in irgendeiner Form engagiert, nach dem Ablösungsprinzip auf dem Platzspitz, in einem der Busse, auf Patrouillen, im Infrastrukturwesen, an Kommissionssitzungen, sahen sich nur kurz oder gar nicht. Jährlich traf man sich deshalb zu einem kleinen Fest im Dozentenfoyer der Universität, um das Gemeinschaftsgefühl der Zipp-Aids-Familie zu stärken.

WISSENSCHAFTLICHE ERKENNTNISSE

Im Zipp-Haus wurde sorgfältig über Personenkontakte und erbrachte Leistungen Buch geführt. Hinzu kamen Daten aus Sonderaktionen, zum Beispiel den erwähnten Zeltaktionen, und im Rahmen von separaten Befragungsstudien.[23] Aus diesen Befragungen resultierten fünf Tätigkeitsberichte und Analysen zuhanden der Behörden beziehungsweise Auftraggeber, fünfzehn Publikationen in Fachzeitschriften und sieben Dissertationen, Teilnahmen an nationalen und internationalen Kongressen, viele Vorträge vor Fachgremien in der Schweiz und Europa. Weltweit gab es bis dahin ausschliesslich Studien aus institutionellen Einrichtungen mit bestimmten Eintrittsschwellen und -bedingungen, was naturgemäss das Spektrum der erfassten DrogenbenützerInnen einschränkte und die Aussagekraft der Daten einschränkte. Zipp-Aids hatte auf dem Platzspitz Zugang zu einem fast vollständigen Spektrum von DrogenbenützerInnen, und dies in sehr grosser Anzahl. Das machte diesen «offenen Drogenplatz» zu einem einmaligen Studienort. Die Arbeiten betrafen präventiv-medizinische, medizinische, sozioökonomische, epidemiologische und generelle drogenpolitische Aspekte.

» *Man hatte sich verpflichtet, das Projekt wissenschaftlich zu begleiten und zu dokumentieren*

Aus der grossen Fülle von neuen Erkenntnissen werden nur die beiden wichtigsten erwähnt: Erstens erwies sich das Spektrum von Drogenbenützern als viel grösser, als es sich die Bevölkerung und die Politiker vorgestellt hatten. Zweitens war die Betroffenheit der Drogenbenützer bezüglich Infektion mit den Hepatitisviren B und C sowie mit HIV generell sehr gross, aber stark abhängig von Dauer und Intensität des Drogenkonsums und vom Umgang mit bereits benützten Spritzen und Nadeln.

SPEKTRUM VON INTRAVENÖS INJIZIERENDEN DROGENBENÜTZERINNEN – SOZIOÖKONOMISCHER STATUS

Im «Needle-Park» befanden sich vor allem junge Erwachsene, davon rund ein Viertel weiblichen Geschlechts und alle mit einem durchschnittlich langjährigen intravenösen Drogenkonsum. «Anfänger» (erste zwei bis drei Jahre des Konsums) wagten sich kaum auf den Platzspitz (Tabelle 8).

Weit über die Hälfte der DrogenbenützerInnen war bei den Eltern aufgewachsen, also nicht in einem «broken home», nicht wenige in besten Verhältnissen (Tabelle 9).

Die Mehrzahl der DrogenbenützerInnen gab an, bei den Eltern oder in einem gemieteten Zimmer oder einer Mietwohnung zu leben (Tabelle 11).

Über die Hälfte der Drogenbenützer ging einer regelmässigen Arbeit nach, rund 40 Prozent waren ohne Arbeit, nur ganz wenige waren noch SchülerInnen(Tabelle 12).

Gegen die Hälfte der männlichen und ein Drittel der weiblichen Drogenbenützer bezogen ein normales Arbeitssalär, nur wenige Geld von der Fürsorge oder einer Sozialversicherung. Bei dieser Befragung waren neben der

Tabelle 8: Durchschnittsalter, Konsumdauer, Geschlecht

	1990	1991
Durchschnittsalter	25,2 Jahre	25,6 Jahre
Anteil weiblich	28,0 Prozent	25,3 Prozent
Durchschnitt Konsumdauer	6,1 Jahre	7,0 Jahre

Tabelle 9: Ort des Aufwachsens (in Prozent)

	Total (n = 736)	Männer (n = 547)	Frauen (n = 189)
bei den Eltern	58,00	56,9	61,4
Mutter	22,8	22,7	23,3
Vater	2,3	2,4	2,1
Pflegeeltern	8,2	7,1	11,1
anderes	8,7	11,1	2,1

Tabelle 10: Stand der Ausbildung bei Platzspitzbesuch[24]

noch in Ausbildung	18 Prozent
keine Berufsausbildung begonnen	19 Prozent
Berufsausbildung abgebrochen	9 Prozent
Berufsausbildung abgeschlossen	54 Prozent

Tabelle 11: Wohnsituation (in Prozent)

vorwiegend	Total (n = 756)	Männer (n = 565)	Frauen (n = 191)
bei den Eltern	28,7	30,4	23,6
eigenes Zimmer/eigene Wohnung	41,9	41,1	44,5
bei Freunden	9,0	7,3	14,1
Institution	3,6	3,5	3,7
Gasse	7,3	7,1	7,9
Notschlafstelle	6,5	6,6	6,3
anderswo	3,0	4,1	0

Tabelle 12: Arbeitssituation (in Prozent)

Arbeit	Total (n = 751)	Männer (n = 562)	Frauen (n = 191)
Vollzeit	45,0	48,4	34,9
Teilzeit regelmässig	10,8	10,1	12,7
keine/unregelmässig	41,7	39,8	47,1
Schule	2,5	1,6	5,3

Tabelle 13: Einnahmequellen von DrogenbenützerInnen (in Prozent)

vorwiegend	Total (n = 741)	Männer (n = 555)	Frauen (n = 186)
Arbeit	65,2	69,0	53,8
Eltern/Partner	18,4	16,9	22,6
Kredite	10,4	11,4	7,5
Fürsorge	13,9	13,9	14,0
IV/SUVA	6,1	5,4	8,1
Arbeitslosenversicherung	1,1	0,9	1,6
«Dealen»	21,1	22,9	15,6
Einbrüche	4,2	4,9	2,2
Prostitution	7,8	5,6	14,5

Haupteinnahmequelle auch andere Quellen notiert worden.[25] Dies führte zum Schluss, dass auch ein Teil der Drogenbenützer mit festen Einnahmequellen zumindest gelegentlich dealten, stahlen oder sich prostituierten (unter anderem abhängig von den Preisen für Drogen). So lebten gemäss eigenen Angaben 5,6 Prozent der männlichen und 14,5 Prozent der weiblichen Drogenbenützer vorwiegend von der Prostitution. Gesamthaft gaben aber 21,5 Prozent der männlichen und 37 Prozent der weiblichen Drogenbenützer an, sich wenigstens schon einmal der Prostitution hingegeben zu haben (Tabelle 13).

» *Vorurteile wurden abgebaut – die Drogenszene war komplexer als allgemein angenommen*

GEWOHNHEITEN DES DROGENKONSUMS: Lediglich ein Drittel der Süchtigen spritzte sich täglich Drogen. Es gab Dauer-, Wochenend-, Monats- und Gelegenheitsfixer. Unter über tausend befragten DrogenkonsumentInnen konsumierten Heroin und/oder Kokain 30 Prozent täglich, 45 Prozent ein- bis dreimal pro Woche, 20 Prozent ein- bis dreimal pro Monat, 5 Prozent weniger oft (vier- bis sechsmal pro Jahr).
Was die Art des Drogenkonsums anbelangt, verwendeten von den DrogenbenützerInnen 6–10 Prozent neben Cannabisprodukten nur selten Herioin und/oder Kokain, 18–26 Prozent vorwiegend Heroin, 7–10 Prozent vorwiegend Kokain, 57–67 Prozent Heroin und Kokain (Cocktails).
ERSTMALIGE DROGENBERATUNG: 409 Drogenbenützer des Platzspitzes wurden gefragt, wie oft und wie lange nach dem ersten intravenösen Drogenkonsum sie eine der Drogenberatungsstellen frequentiert hätten. In den ersten 3,2 Konsumjahren waren es 45 Prozent, darunter die grosse Mehrzahl (über 80 Prozent) nur einmal, davon nur die Hälfte in einer öf-

fentlichen Stelle. Der Grund dafür war die Angst vor Entdeckung, Selbstüberschätzung, die Droge im Griff zu haben, falsche Öffnungszeiten und zu einschränkende Behandlungsbedingungen. Die restlichen 55 Prozent der beginnenden Drogenbenützer suchten wenigstens einmal Rat beim Hausarzt (12 Prozent), beim Psychologen oder Psychiater (7 Prozent) oder bei Beratungsstellen von Kirchen und Sekten (37 Prozent). Eltern und Schule spielten eine untergeordnete Rolle, dies aus Angst vor Moralpredigt und Vertrauensentzug.
Die oben aufgeführten Erkenntnisse stammen aus verschiedenen grösseren Befragungen von leicht unterschiedlichen Kollektiven. Befragungen haben generell die Problematik, dass sich die Befragten in einer «beschönigenden» Art äussern. Die erhobenen Daten entsprachen aber den alltäglichen Eindrücken von Hilfspersonen, die sich häufig auf dem Platzspitz befanden. Natürlich gab es viele Drogenabhängige, die der Vorstellung der Bevölkerung und Behörden entsprachen, sozial ausgegrenzte, schwer süchtige, verelendete Menschen. Es gab und gibt aber auch viele teil- oder sogar voll integrierte DrogenbenützerInnen.
Je rund ein Drittel der DrogenbenützerInnen auf dem Platzspitz war sozial integriert (regelmässige Arbeit, fester Lohn oder geregelte Ausbildung, fester Wohnsitz, äusserlich geregeltes Leben, von der Umgebung meist unerkannte Sucht), sozial teilintegriert (wankende Lebensverhältnisse, periodenweise geregelt, dann wieder Teil- oder sogar Totalausstieg), sozial nicht integriert (permanenter Ausstieg aus einem gesellschaftlich geregelten Rahmen).
Dies bestätigte das Konzept, dass die Süchtigen zur Schadensverminderung «auf der Gasse» oder in möglichst tiefschwelligen Drogenhilfsstellen erreicht werden müssen, um eine frühe Prävention zu ermöglichen.

VIRALE DURCHSEUCHUNG

» *Die grosse Gefahr von Infektionen bestätigte sich*

Alle Hepatitis- und HIV-Testungen wurden in der Abteilung klinische Immunologie des Universitätsspitals Zürich durchgeführt.[26] In verschiedenen Hepatitis-B-Impfaktionen wurden bei 346 (1989), 331 (1990), 341 (1991) intravenös injizierenden Drogenbenützern serologische Untersuchungen durchgeführt.
HEPATITIS-A-VIRUS: Unter den untersuchten Personen zeigten 45–71 Prozent Zeichen einer noch bestehenden (5–8 Prozent) oder durchgemachten

Treffpunkt Platzspitz

Trotz permanenter Vertreibungspolitik entstand eine ghettoartige Szene mit kleinen Infrastrukturen zur Selbsthilfe.

For use in the
station
premises
only
SBB CFF FFS

EIN HAUCH AUS DEM PARADIES..
ROYAL KISS
ROYAL KISS
PFIRSICHE · CASSIS · APRIKOSEN · BROMBEEREN · KIWIS
ROYAL KISS
GENUSS ZUM TEILEN

Coca-Cola
Coke
Select

Intervention und Solidarität von aussen

Das Platzspitz-Ghetto wurde von verschiedenen Gruppen mit Unterstützungsaktivitäten durchbrochen.

NICHT gedealt
GRATIS
KLEiDER

EIN QUARTIER
FÜR
LEGALISIERUNG
GEGEN
DROGENPROHIBITION
FÜR
LEGALISIERUNG

Angst vor Aids
Die rasch ansteigende Zahl HIV-positiver Menschen bewirkte ein Umdenken der Politik und schnell einsetzende Hilfe sowie Prävention vor Ort.

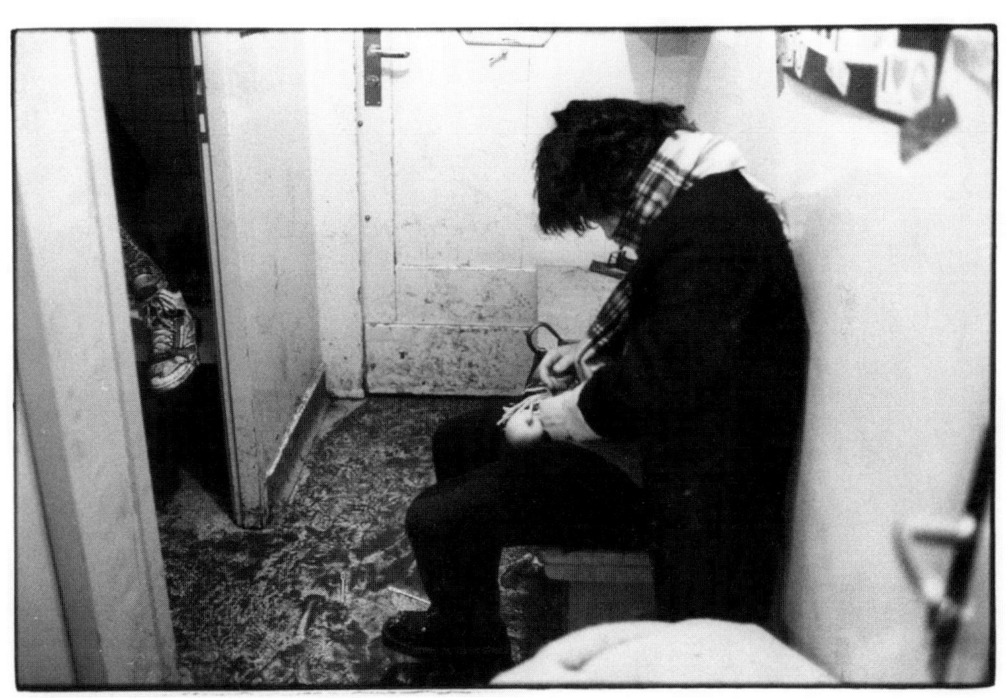

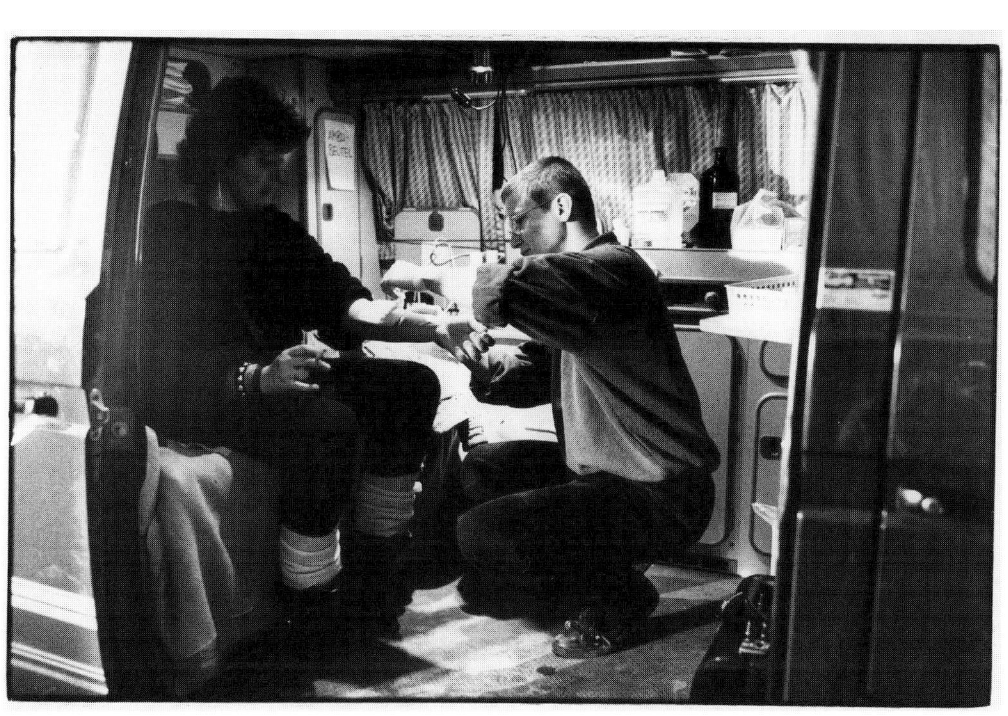

Fixerstuben
NEIN
Komfortverbesserung fördert die Sucht
Jetzt auch noch
vor der Haustür Drogen?
NEIN
Die Partei
des Mittelstandes
SVP
Volksinitiative

Hepatitis-A-Virusinfektion. Nur 5–10 Prozent der infizierten Personen entwickeln eine akute Hepatitis, die immer selbstheilend ist und zu Immunität führt. Das Virus wird durch fäkale Verunreinigung bei schlechter Hygiene übertragen.[27]

HEPATITIS-B-VIRUS: 50–61 Prozent der untersuchten Personen zeigten Zeichen einer noch bestehenden (5–8 Prozent) oder überwundenen Hepatitis-B-Virusinfektion. Nur 10–20 Prozent der infizierten Personen entwickeln eine akute Hepatitis B. Die Infektion, gleich ob mit oder ohne akute Erkrankung, wird aber in etwa einem Fünftel der Fälle chronisch und kann zu Leberzirrhose führen. Sie wird sexuell und über infizierte Spritzen oder Nadeln übertragen.

HEPATITIS-C-VIRUS: 26–51 Prozent der untersuchten Personen zeigten Zeichen einer chronischen Hepatitis-C-Virusinfektion. Eine Infektion führt nur selten zu einer akuten Erkrankung, bleibt aber in 70–85 Prozent chronisch und kann in 5–20 Prozent eine Leberzirrhose auslösen. Sie wird vor allem durch infizierte Spritzen oder Nadeln übertragen.

HIV: 3–10 Prozent der untersuchten Personen zeigten Zeichen der immer chronisch werdenden HIV-Infektion. Die Infektion führt, wenn unbehandelt, sehr oft zu Aids, wird sexuell und über infizierte Spritzen oder Nadeln übertragen. Die Spannweite der Resultate war durch die unterschiedlichen Untersuchungskollektive bedingt. Alle diese Werte lagen aber um ein Mehrfaches über den Werten der Gesamtbevölkerung (Grafik 2).

Wie erwähnt war auf dem Platzspitz das Spektrum der Drogenabhängigen gross, umfasste auch viele teil- oder vollintegrierte Personen. Der Anteil von virusinfizierten Abhängigen war zwar hoch, lag aber immer noch viel tiefer als bei Schwerstsüchtigen.

Aussergewöhnlich war der hohe Anteil von Drogenbenützern mit serologischen Zeichen mehrerer Infektionen. 61 Prozent zeigten gleichzeitig Zeichen von zwei bis vier der vier berücksichtigten Infektionen, ein Phänomen, welches in der Bevölkerung nur selten vorkommt und die grosse Gefährdung von diesen DrogenbenützerInnen belegte (Grafik 3).

Ein Befund von grosser Bedeutung war: Je länger intravenös gespritzte Drogen benützt wurden, umso höher war die Wahrscheinlichkeit, mit HIV infiziert zu sein. Dies zeigte, dass es wesentlich auf die Zahl der Kontakte mit allfällig infiziertem Injektionsmaterial und damit auf die Dauer und Intensität des intravenösen Drogenkonsums ankam und dass man durch Vermeidung solcher Kontakte das Infektionsrisiko vermindern konnte (Tabelle 14 und 15).

» *Je früher man handelt, umso wirksamer ist die Vorbeugung*

Wer nie beziehungsweise selten unsaubere Spritzen benützt hatte, war weniger häufig HIV-infiziert als DrogenbenützerInnen, die dies öfters taten. Dies wurde in vier Studien bestätigt Tabelle 16).
Intravenös injizierende DrogenbenützerInnen waren durch potentiell gefährliche Virusinfektionen besonders stark betroffen, auch bezüglich HIV. Die Gefährdung sank mit der Dauer und Intensität des Drogenkonsums und damit vor allem mit der Häufigkeit des Kontakts mit allfällig infizierten Spritzen und Nadeln, dem «needle sharing».
In dieser Deutlichkeit hatte man bislang noch nie ähnliche Resultate gefunden, weshalb die Daten auch international viel beachtet wurden. All die Aktivitäten des Zipp-Aids und die wissenschaftlichen Erkenntnisse waren den Behörden in Form von Jahresberichten dokumentiert, in Pressebulletins oder Medienkonferenzen übermittelt worden.
Hauptziel von Zipp-Aids war es, die Gefährdung der DrogenbenützerInnen durch schwerwiegende Infektionen mit Hepatitisviren und HIV so stark wie möglich zu verringern, vor allem durch Spritzen- und Nadelumtausch. Der Umtausch von über sieben Millionen Spritzen-und-Nadel-Sets, von Millionen von Zusatznadeln und Desinfektionsgeräten hatte sicher Hunderte von Infektionen verhindert, was aber (noch) nicht beweisbar war. Dazu musste man aus epidemiologischer Sicht einige Jahre warten. Vorweggenommen sei, dass gerade bei DrogenbenützerInnen all diese Infektionen stark zurückgingen, dass aber noch weitere Präventionsmassnahmen und neue Therapien hinzugekommen waren. Entscheidend war das gute Resultat und nicht wer und was dazu beigetragen hatte.

Grafik 2: Häufigkeit (Prozentanteile, Mittelwerte) von Zeichen einer bestehenden oder durchgemachten Infektion (Virusmarkerprävalenz) bei Drogenabhängigen auf dem Platzspitz (1989–1991) im Vergleich zur Bevölkerung

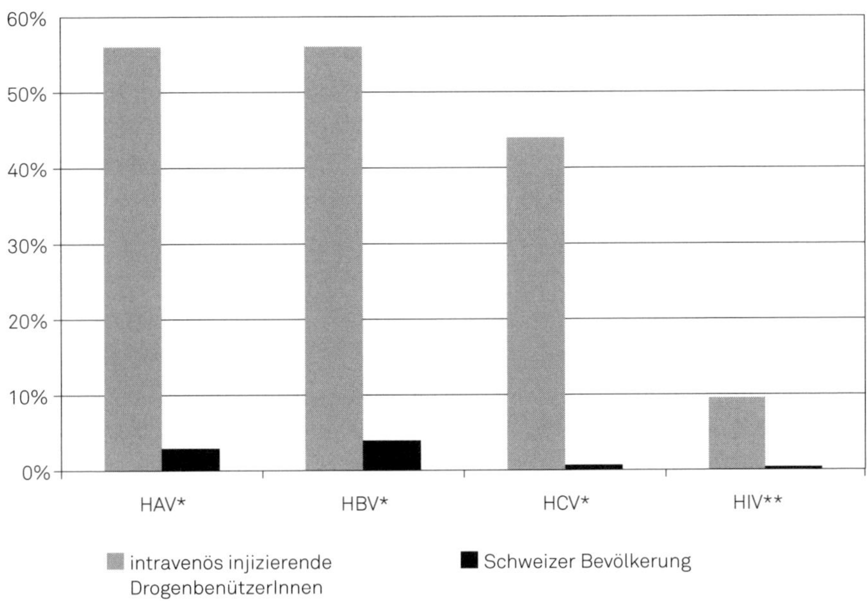

* Zeichen einer noch bestehenden oder durchgemachten Hepatitis-Virusionfektion vom Typ A, B bzw. C
** chronische HIV-Infektion

Grafik 3: Mehrfachinfektionen (Hepatitisviren* A, B, C und HIV) bei Drogenabhängigen auf dem Platzspitz (1989–1991)**

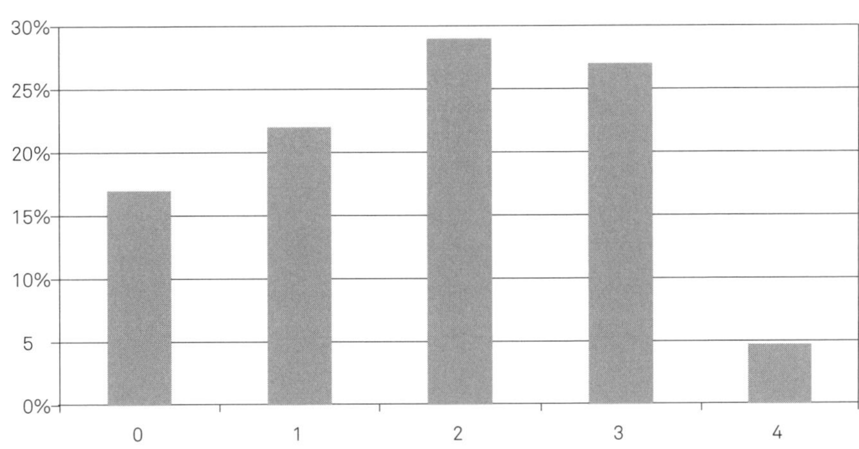

Häufigkeit (Prozentanteil) gleichzeitig vorkommender serologischer Zeichen verschiedener Infektionen bei derselben Person

* noch bestehend oder durchgemacht
** immer chronisch

Tabelle 14: Konsumdauer und HIV-Positivität (Befragungen Platzspitz)

Konsumdauer	1989 Studie Alvo n = 168	1990 Diss. Künzler n = 500	1991 Studie Müller n = 690
	HIV-positiv (in %)	HIV-positiv (in %)	HIV-positiv (in %)
bis 2 Jahre	0	3	8
3–5 Jahre	4	6	5
6–10 Jahre	41	34	24
über 10 Jahre	63	46	41

Tabelle 15: Konsumdauer und HIV-Positivität (Bluttestungen, Zeltimpfaktionen Platzspitz)

Konsumdauer	1989 Diss. Röhrig n = 298	1990 Diss. Siegemund n = 257	1991 Analyse Scheitlin n = 205
	HIV-positiv (in %)	HIV-positiv (in %)	HIV-positiv (in %)
unter 1 Jahr	3	4	0
1–5 Jahre	16	6	1
über 5 Jahre	33	25	4

Tabelle 16: HIV-Infektion und «needle sharing» (Gebrauch bereits benützter Spritzen oder Nadeln)

	«needle sharing» (HIV-positiv in %)	
	nie	gelegentlich
Hepatitis-Impfaktion 1989 (Diss. Röhrig, n = 137 + 41)	13	24
Hepatitis-Impfaktion 1990 (Diss. Siegemund, n = 200 + 57)	6	33
Hepatitis-Impfaktion 1991 (n = 19 + 55)	5	11
Befragung Platzspitz 1991 (Studie Müller, n = 485)	10	55

Tabelle 17: Ereignisse in Zürich und Drogentote in der Schweiz 1975–1994

Jahr	Ereignisse in Zürich	Drogentote Schweiz	Jahr	Ereignisse in Zürich	Drogentote Schweiz
1975	«Drahtschmidli-szene»	35	1985	Beginn Platzspitz	120
1976		52	1986	Platzspitz	136
1977	«Schigu»/Rote Fabrik	84	1897	Platzspitz	196
1978		85	1988	Platzspitz	205
1979		102	1989	«Needle-Park»/ Zipp-Aids	248
1980	Opernhauskra-walle/AJZ	88	1990	«Needle-Park»/ Zipp-Aids	280
1981	AJZ-Nachwehen	107	1991	«Needle-Park»/ Zipp-Aids	405
1982	Vertreibungs-strategie	109	1992	Lettenszene	419
1983	Vertreibungs-strategie	144	1993	Lettenszene	355
1984	Vertreibungs-strategie	133	1994	Lettenszene	399

* gemäss Polizeistatistik (Eidgenössisches Amt für Statistik)

DROGENTODESFÄLLE

All die Zahlen von schweren Infektionen, Abszessen und Atemstillständen wurden durch die Todesfälle überschattet, denen man weitgehend hilflos gegenüberstand. Auch Warnungen verschiedenster Art halfen wenig, Überdosierungen zu vermeiden. Die Zahl der Drogentoten war fast ununterbrochen angestiegen, nicht nur in Zürich, sondern in der ganzen Schweiz. Auch in allen anderen Schweizer Städten hatte die Zahl der Konsumenten harter Drogen zugenommen, waren offene Drogenszenen entstanden und gab es immer mehr Drogentote. Der Anteil Zürichs war in den Jahren 1982 bis 1994 etwa gleich geblieben; er lag zwischen 19 und 24 Prozent und damit nur wenig über dem Bevölkerungsanteil und reflektierte zudem, dass der Kanton die grösste Stadt der Schweiz umfasst Tabelle 17).

2. ANDERE PLATZSPITZ-HILFSORGANISATIONEN

DER «GRÜNE» BUS DES SOZIALDEPARTEMENTS

Der «grüne» Bus war das zweite Standbein des städtischen Konzepts auf dem Platzspitz. Zipp-Aids war vor allem ein präventivmedizinisch und medizinisch orientiertes Projekt und konnte sich den grossen sozialen Problemen kaum zuwenden. Es bestand aber auf dem Platzspitz ein Bedürfnis, sich dieses Aspekts anzunehmen. Daher wurde auf der dem Zipp-Haus gegenüberliegenden Seite der «grüne» Bus des stadtzürcherischen Sozialdepartements eröffnet. Er sollte als «sozialer Fühler» wirken, als Zeichen an Ort und zur Überweisung an das übrige soziale Hilfsangebot, zur Überlebenshilfe und als Beratungsort. Die Öffnungszeiten waren weniger lang als im Zipp-Haus. Das Angebot wurde aber rege benützt, von bis zu hundert Personen pro Tag, und stiess gelegentlich an Grenzen.
Zudem gab es einen nächtlichen ärztlichen Abrufnotfalldienst des Drop-in, der manchmal fast täglich an den Kiosk des Platzspitzeinganges ausrücken musste, um DrogenbenützerInnen mit Überdosierungen zu behandeln.

HILFSGRUPPEN IM POLITISCHEN SPANNUNGSFELD

Die stadträtliche Drogenkommission hatte 1988 ein Konzept entwickelt, welches empfahl, den Platzspitz auf Zusehen hin zu dulden, das medizinisch orientierte Zipp-Aids-Projekt und den grünen Bus des Sozialamtes mit seinem Anschluss an die Drogeninstitutionen ausserhalb des Platzes zu unterstützen. In einer Grauzone befanden sich Projekte, die das Leben der Drogenbenützerinnen (zu stark) erleichtern würden. Verschiedene politische Kräfte (vor allem auf der konservativen Seite) bekämpften bereits das stadträtliche Konzept als solches. Mehr hätte man politisch nicht durchsetzen können, obwohl es sich die Fachleute gewünscht hätten. Dabei kam es aber immer wieder zu «Grenzfällen». Dazu einige Beispiele.

» *Und die anderen? – manchmal geduldet, manchmal nicht*

Gegen Ende 1988 hatte sich eine Gruppe, die Arbeitsgemeinschaft Platzspitz, gebildet, die in einer leer stehenden Grossbaracke der SBB auf dem Platzspitz gleich hinter dem Landesmuseum eine Tagesstruktur (Essen, Beratung, Sanitätszimmer) einrichten wollte. Es gab grosse politische Diskussionen. Die Baracke wurde schliesslich abgerissen, bevor das Projekt zum Laufen kam.

Am 7. Dezember 1989 wurde von derArbeitsgruppe ohne behördliche Bewilligung ein Grosscontainer neben dem Rondell aufgestellt worden, um eine Tagesstruktur (Abgabe von Essen, Beratung) einzurichten. Der Container wurde nach 24 Stunden weggeräumt.
Eine Gruppe von 150 Freiwilligen gründete am 31. Januar 1989 die Arbeitsgemeinschaft ARGE. Sie durfte in der Nähe des Zipp-Hauses einen langen Tisch mit Bänken aufstellen und führte den Mittagstisch ein. An diesem wurden während langer Zeit täglich DrogenbenützerInnen bewirtet. Um nicht jeden Tag alles Material (auch Nahrung) transportieren zu müssen, stellten sie einen kleinen Container auf. Dieser wurde verboten und entfernt.
Verschiedene private Drogenhilfegruppen wollten im Mai 1989 auf dem Platzspitz eine Protestdemonstration durchführen, was nicht bewilligt wurde. An ihrer Stelle fand ein stillschweigend geduldetes friedliches Picknick für DrogenbenützerInnen und Gäste statt.
GassenarbeiterInnen des Zürcher Vereins für Drogenentzug und Drogenhilfe sowie der Zürcher Arbeitsgemeinschaft für Jugendprobleme zirkulierten immer wieder auf dem Platzspitz. Sie arbeiteten auch mit dem Zipp-Aids zusammen.
Best Hope ist eine kirchlich orientierte Organisation, die in der Ostschweiz mehrere Häuser zum Drogenentzug und zur Wiedereingliederung auf christlicher Basis führte. Ihre Gassenarbeitsgruppe platzierte wöchentlich an einem Tag jeweils von 17–24 Uhr mit polizeilicher Bewilligung einen grossen Bus auf dem Platzspitz, in dem die Drogenbenützerinnen beraten und bewirtet wurden.
Verschiedene Exponenten von privaten Drogenhilfsorganisationen hatten an Weihnachten 1988 in einem Zelt auf dem Platzspitz eine stille Feier für DrogenbenützerInnen und Gäste veranstaltet. Sie baten um Bewilligung, an Weinachten 1989 dasselbe zu tun. Das Vorhaben wurde abgelehnt.

HOMMAGE AN DAS STÄDTISCHE GARTENBAUAMT UND DESSEN HELFER

Die Aufgabe des Gartenbauamts, mit externer Hilfe den Platzspitz von Unrat zu befreien, war zwar kein Drogenhilfsprojekt, aber dennoch sehr wichtig. Ohne die mit grossem Einsatz durchgeführte tägliche Reinigung (meist in aller Frühe) wären die gesundheitlichen Gefahren auf dem Platzspitz noch grösser gewesen.

Reinigung des Platzspitzes durch Mitarbeiter des städtischen Gartenbauamts. (Fotos Gertrud Vogler)

Vom Spätherbst bis zum Frühjahrsbeginn war es auf dem Platzspitz oft sehr kalt, vor allem in der Nacht. Die DrogenbenützerInnen begannen in der Nähe des Zipp-Hauses grosse Feuer zu machen. Das Gartenbauamt richtete eine offene Feuerstelle ein und legte Holz bereit. Auch Personen von auswärts brachten Holz. Einige DrogenbenützerInnen schliefen dort, wenigstens stundenweise.

EINZELPERSONEN

Personen, die sich um verelendete Fixer bemühten, sah man sehr oft auf dem Platzspitz, fast täglich einen Franziskanerpriester in Soutane. Es gab aber auch viele andere Privatpersonen, die Essen und Kleider brachten und ihre Hilfe zuhause anboten, zum Beispiel das Bad und die Waschmaschine einmal pro Woche zur Verfügung stellten oder einzelne Süchtige für einige Tage bei sich aufnahmen oder sie gelegentlich zum Essen einluden.
Zu den einzelnen Personen die auf dem Platzspitz halfen, gehörte eine 56-jährige Frau aus dem Thurgau. Während Tagen fuhr sie mit einem Privatauto – ohne zu wissen, dass es eine Bewilligung brauchte – auf den Platzspitz, um dort Essen und Kleider zu verteilen. Sie wurde deswegen angeklagt. Das Gericht entschied, dass sie nicht böswillig, sondern aus innerer Not gehandelt habe, und sprach sie frei.
Nicht selten tauchten Mütter und Väter auf, die den Kontakt mit ihren Kindern verloren hatten und diese zu finden suchten. Viele kamen mit Kleidern und anderen Gebrauchsgegenständen und gaben diese Bedürftigen ab. Sie boten sich auch an, dem Zipp-Aids-Team zu helfen.

RELIGIÖSE GRUPPEN

Gelegentlich sah man kleinere Gruppen auf dem Platz beten, einmal sogar rund hundert Leuten von zwanzig verschiedenen christlichen Gemeinden und Gemeinschaften, die zusammen mit DrogenbenützerInnen mit Beten, Pantomimen, Ansprachen ehemaliger Süchtiger und einer gemeinsamen Mahlzeit ein «Fest des Lebens» feierten.
Eine Institution der theologischen Fakultät lud ein Mitglied der medizinischen Fakultät ein, um den Graben, der sich aufgetan hatte zwischen der normalen Welt und der Welt auf dem Platzspitz, verstehen und überwinden zu können. Es gab auch ein Treffen mit Vertretern der beiden Landeskir-

chen. Die Repräsentanten an der Spitze waren zurückhaltend, mussten auf die konservativen Kreise Rücksicht nehmen («Aids als Strafe Gottes»). Man war hilflos. Viele Kirchgemeinden und Kirchenorganisationen sahen dies anders und setzten sich konkret für die Drogensüchtigen ein.[28]

3. DAS FIXERLEBEN IM UND UM DEN «NEEDLE-PARK» BIS ZUM ENDE

DER ALLTAG

Für unerfahrene Beobachter sah es auf dem Platzspitz immer ähnlich aus: manchmal eine grosse, manchmal eine kleinere Anhäufung von Menschen, die standen, herumliefen, ja sogar rannten, sassen oder lagen, in Gruppen oder einzeln, Menschen, die besorgt aussahen, aber auch lachten, abgestellt waren oder in Trance schienen. Sie waren verstreut über den ganzen Platz, meist aber doch gruppiert ums Rondell oder das Zipp-Haus. Viele sahen schlecht aus, einige erbrachen sich, andere sahen besser, andere sogar gut aus. Einige waren schlecht gekleidet, andere besser oder gut. Es hatte etwas Unheimliches an sich, etwas Ungewohntes, und wenn es dunkel war, bekam die Szene manchmal den Aspekt einer Verschwörung, schien manchmal aber auch nahe einer Normalität, wenn auch nicht derjenigen an der Bahnhofstrasse.

» *Wie in einer anderen Welt, gefüllt mit Menschen, die aus der Normalität gefallen waren*

Für regelmässige Beobachter aber gab es grosse Unterschiede, Phasen von grosser Nervosität, dann wieder von Ruhe, dann von Spannung und Unruhe, dann wieder von Ruhe. Dies hing von vielen Faktoren ab, von der Erhältlichkeit und dem Preis der Drogen, nicht nur auf dem Platzspitz, sondern generell, von der Häufigkeit der Polizeirazzien, dem Davor und Danach, von den Gerüchten, ob der Platzspitz geschlossen werde oder nicht, vom Wetter, der Kälte, dem Regen.

Der Platzspitz reflektierte die Summe von hunderten, ja tausenden Einzelschicksalen von DrogenbenützerInnen, und alle waren sie da im «Needle-Park»:

– in verschiedensten Phasen der Drogensucht, am Anfang, wenn die Sucht von der Familie und der Umgebung zuhause noch nicht erkannt oder verdrängt wurde, noch in der Schule oder Lehre oder im Beruf, gerade auf der Kippe oder schon draussen, noch in geordneten Wohnverhältnissen oder bereits in einer Notschlafstelle;

– aus Zürich oder der Innerschweiz, aus dem Aargau oder dem Fürstentum Liechtenstein;

– aus guten Verhältnissen von der Goldküste, aus «broken homes» oder aus der zweiten Generation von Immigranten;
– Studenten oder Akademiker, gelernte Arbeiter oder Handlanger oder mit Gelegenheitsjob oder arbeitslos oder auf dem Strich;
– noch vom Geld der Eltern lebend, oder von der IV, in Kleinkriminalität verwickelt oder in den Drogenkleinhandel, zum Abdecken der eigenen Bedürfnisse;
– schon vorbestraft oder nicht, bereits in Untersuchungshaft oder im Gefängnis gewesen oder nicht.
Und alle waren sie da:
– schon in einem Entzug gewesen oder nicht;
– schon seit einiger Zeit «trocken», um noch einmal den «Needle-Park» zu besuchen, um sich als «Geheilter» zu beweisen, um gestärkt nach Hause zu gehen oder um wieder umzufallen;
– erfolgreich im Bestreben, diesmal weniger Drogen zu nehmen, oder nicht.
Und alle waren sie da:
– nur für Stunden, um zu sehen, dass man sich nicht allein den Drogen verschrieben oder dass man den Konsum besser unter Kontrolle habe als andere, um die neusten Konsumarten zu sehen und allenfalls zu übernehmen;
– oder für einige Tage, um von der eigenen Umgebung Abstand zu nehmen, sich in einer anderen Welt zu bewegen;
– oder als Dauergast, abhängig vom Platzspitz als Aufenthaltsort in einer eigenen Welt, die nur Drogenbenützern gehörte, während in der Kontakt- und Anlaufstelle höchstens Stunden verbracht wurden, wo es zwar Duschen, aber auch Regeln gab. Man kannte diese Dauergäste, viele mit Namen. Sie kannten sich auch untereinander, als Überlebenskünstler, viele mit eigener Philosophie, Fatalismus, dazwischen mit Verzweiflung.
Und alle waren sie da:
– diejenigen, die sonst noch gesund waren und es bleiben wollten;
– oder diejenigen, die bereits wussten, dass sie eine chronische Infektion mit dem Hepatitis-B- oder Hepatitis-C-Virus hatten oder mit HIV infiziert waren;
– diejenigen, die litten, da die Eltern, Verwandten und Freunde mitlitten, oder diejenigen, die weniger litten, weil die Eltern weniger oder nur zeitweise litten, und diejenigen, bei denen der Kontakt zu den Eltern und alten Freunden ganz abgebrochen war;
– mit verschiedensten Lebenswegen, die sie gemäss Psychologen angeblich zum Drogenkonsum geführt hätten;

– mit zu wenig Zuwendung in einem verwahrlosten Milieu, zu viel Forderung in einem ambitiösen Milieu;
– überfordert oder unterfordert in der Schule;
– sich auflehnend gegen die Gesellschaft, die nur noch auf globale Kompetitivität und Geld ausgerichtet sei;
– mit einer familiären Prädisposition, auf der Flucht aus der Verantwortung, mit labilem Charakter.

Jeder Psychologe oder Soziologe hätte auf dem Platzspitz Beispiele für die eine oder andere dieser Erklärungen finden können, auf Einzelschicksale teilweise zutreffend, aber nie von allgemeiner Gültigkeit. Nur einige politische Parteien, Interessengruppen und selbst erklärte Experten kannten die Ursache des Übels genau. Für die meisten HelferInnen auf dem Platzspitz war dies ohne grosse Bedeutung. Sie sahen nur Menschen, die in eine Welt geraten waren, die man für sich selbst nie gewünscht hätte, denen man mit Spritzen und Nadeln, mit Tupfern und Salben wenigstens eine der drohenden Gefahren, die Gefahr einer gefährlichen Infektion mit schwerwiegenden Folgen, ersparte und denen man mit etwas Tee und ohne vorwurfsvolle Haltung eine Verschnaufpause bot. Für viel mehr reichte es nicht. Man hoffte, dass sie an anderer Stelle noch mehr Hilfe finden würden. Die Helfer kamen oft an die Grenzen, Leid mit ansehen zu können.

DROGENHANDEL, TAUSCHHANDEL, KRIMINALITÄT UND PROSTITUTION

Auf dem Platzspitz wurde mehr oder weniger offen mit Drogen gehandelt, überwiegend von DrogenbenützerInnen selbst, als Kleinhandel. Es gab kaum Gewalt. Mit der zunehmenden polizeilichen Zerschlagung des Klein- und Zwischenhandels traten ab 1991 immer mehr professionelle Dealer aus dem Ausland in Erscheinung. Erste bedrohliche Stimmungen kamen auf, wurden auch vom Zipp-Aids-Personal wahrgenommen. Dieses wurde aber während der ganzen Zeit nie ernstlich bedroht.

» *Für viele FixerInnen eine Frage des Überlebens*

Der Heroinpreis in Zürich schwankte immer etwas, sank dann aber gegen Ende 1991 dramatisch von 600–700 auf 100–200 Franken pro Gramm. In Amsterdam und Frankfurt hatte man das Gramm schon früher für 75 Franken erhalten, was zu einem entsprechenden Handelsstrom geführt hatte. Mit dem Preiszerfall in Zürich wurde auch dieser Ort konkurrenzfähig, nahm der Handel zu, reagierte nach den üblichen Regeln von Angebot und Nachfrage. Während der Zeit des vom Zürcher Kantonsarzt durchgesetzten Spritzenverbots erhöhte sich der Preis für ein Spritzen-und-Nadel-Set auf dem Schwarzmarkt Zürichs bis auf zehn Franken, fiel dann wieder und lag nach der Eröffnung des Zipp-Aids um einen Franken.

Geld zur Beschaffung von Drogen war für Fixer immer ein Problem und führte zur Kleinkriminalität. Auf dem Platzspitz fand ein Tauschhandel mit gestohlenen oder auf krummen Wegen ergatterten Waren statt (Radios, Uhren usw.), nicht mehr als sonst in der Drogenszene, aber sichtbarer.

Nur relativ selten tauchten Freier auf dem Platzspitz auf, und Zuhälter traten kaum in Erscheinung. Man sah aber gelegentlich Frauen und Männer, die sich aufs Geschäft vorbereiteten, sich herrichteten, sich einen zusätzlichen Schuss setzten, um ihre Tätigkeit besser auszuhalten. Eine besonders erschütternde Erkenntnis war, dass mit zunehmender Verwahrlosung noch häufiger Prostitution betrieben werden musste, um den Lebensunterhalt zu sichern. Die Preise sanken dann, zwangen zum «Geschlechtsverkehr ohne Gummi». Zunehmend sah man auch minderjährige Prostituierte.

VERSCHIEDENE WELTEN

Wer täglich die Schwelle zum Platzspitz übertrat – das waren ausser den Süchtigen nur ganz wenige –, konnte die Verschiedenheit der Welten kaum fassen. Auf beiden Seiten gab es eine völlig andere Normalität, wobei sich die beiden Welten, die mächtige «heile» und die schwache «ausgegrenzte», gegenseitig die Schuld daran zusprachen, dass man einander nicht verstand.

» *Von der gesellschaftlichen Normalität zu einer anderen Normalität*

Die Hilfe aus den Glashäusern der Politik, von behördlichen Institutionen, privaten Organisationen und der Universität leistete viel, trug wesentlich

«Sag mal, wie könnt ihr von mir verlangen, dass ich aufhör zu fixen, mich reintegrieren soll – in was reintegrieren? In diese Suchtgesellschaft vielleicht?»

(Aussage eines Drogensüchtigen, aus: Gertrud Vogler und Chris Bänziger: Nur saubergekämmt sind wir frei. Drogen und Politik in Zürich, hg. von Verena Stettler, Zürich 1990, S. 71)

dazu bei, dass das Leben in der anderen Welt nicht ganz ins Elend kippte. Auch das Zipp-Aids gehörte dazu. Nur überschätzten sich all diese Helfer in ihrer Wertschätzung durch die Süchtigen. Die meisten unter diesen zeigten sich dankbar und waren es auch, wenn auch von ihrer eigenen Welt aus gesehen. Sie schätzten es, saubere Spritzen und Tee, medizinische und soziale Überlebenshilfe sowie gute Ratschläge zu bekommen. Der Tag aber war für die Süchtigen lang, dauerte lange 24 Stunden, über Wochen, Monate. Die FixerInnen mussten sich über Wasser halten, jeder auf seiner gesellschaftlichen Stufe, vom höheren Angestellten bis zum dealenden Arbeitslosen und zum ganz «Ausgestiegenen». Sie lebten in ihrer eigenen Welt, die Helfer in der anderen; diese leisteten viel Gutes, stellten ihnen aber auch Hindernisse in den Weg.

POLIZEIAKTIVITÄTEN

Das Parlament und die politische Exekutive mussten sich an die Gesetze halten, den Drogenkonsum unter Strafe stellen, mussten der Polizei den Auftrag geben, jeden Fixer strafrechtlich zu verfolgen. Das Problem aber war übergross. In Zürich allein fixten täglich 2000–3000 Personen. Was hätte die Polizei mit ihnen wirklich tun sollen? Hinzu kamen die Besorgnis und die Verpflichtung der Parlamente und der Exekutive, die Verelendung und die Verbreitung von Infektionen mit HIV und Hepatitisviren zu verhindern. Dieses Dilemma fand seinen Ausdruck auch in der Aufgabenstellung der Polizei: Sie musste das Fixen unterbinden, durfte es aber gerade auf dem Platzspitz nur beschränkt tun, da dort, wenn auch erst später, eine wirksame und erwünschte Aids-Prävention und medizinische Hilfe durchgeführt wurden. Unter diesen Voraussetzungen hatte die Polizei keine leichte Aufgabe, musste den «Needle-Park» überwachen, die schlimmsten Auswüchse verhindern, aber ohne die Szene aufzulösen – eine Gratwanderung. Sie stand unter der kritischen Beobachtung von Politik, Interessengruppen und der Bevölkerung. Es galt immer wieder in Sonderaktionen Situationen zu bereinigen, um den Beschlüssen des Stadt- oder Gemeinderates zu entsprechen: die Räumung der SBB-Baracke neben dem Landesmuseum etwa oder die Räumung des illegalen Containers neben dem Rondell. Und es ging um Daueraufträge.

» *Die Polizei führte die ihr zugeordnete Aufgabe durch – eine Gratwanderung*

Die erste Räumung von Filterli-Tischen erfolgte am 7. August 1989. Während drei Tagen musste das Gartenbauamt unter Polizeischutz die Filterli-

Beispiele von Medienberichten über Razzien, Juni bis August 1989

20. Juni: 395 Personen überprüft; 105 Frauen, 290 Männer, 193 aus der Stadt, 97 aus dem Kanton Zürich, 116 aus der übrigen Schweiz, 78 Schweizer ohne Wohnsitz, elf Ausländer; 91 polizeilich gesucht
1. Juli: 295 Personen überprüft, darunter fünf Ausländer
25. Juli: 145 Personen überprüft, darunter sechs Ausländer
4. August: 329 Personen überprüft; 73 aus der Stadt und 82 aus dem Kanton Zürich, 111 aus anderen Schweizer Kantonen, 48 Schweizer ohne Wohnsitz, fünf Ausländer
24. August: 216 Personen überprüft; 170 Männer, 46 Frauen, zwei Ausländer; 28 Personen mitgenommen, 22 unter Anklage gestellt
Unter den ersten 808 überprüften DrogenbenützerInnen waren 20 Prozent Stadtzürcher, wohnten 32 Prozent im Kanton, 32 Prozent in anderen Kantonen, waren 15 Prozent ohne Wohnsitz und 10 Prozent Ausländer.
15. Oktober: 200 Personen überprüft, elf Personen verhaftet, je zwanzig Gramm Herion und Kokain sichergestellt und fünfzig SBB-Transportwagen eingezogen
Verglichen mit dem «Stoff», der täglich im «Needle-Park» gehandelt und konsumiert wurde, stellte die Polizei meist nur minime Mengen sicher; sie waren innert Stunden ersetzt.

Tische und die improvisierten Installationen auf dem Rondell räumen. Die Aktion verpuffte bald. Es entstanden immer wieder neue Filterli-Tische. Es gab neue Tagesordnungen: Täglich frühmorgens gab die Polizei Schutz, damit die Dutzenden von Filterli-Tischen verschwanden, der unsägliche Dreck entfernt und der Platz ums Rondell gereinigt und abgespritzt werden konnten. Während dieser Zeit lagerten sich die Filterli-Tisch-Leute mit ihren Brettern, Gepäckwagen und Material entlang dem Limmatufer. Kaum waren die Aufräumarbeiten ums Rondell beendet, bezogen sie wieder ihre angestammten Stellungen.
Die Polizei musste auch der Stimmung der Bevölkerung und dem Auftrag der Behörden gerecht werden, aktiv zu sein, den Platzspitz möglichst frei von Drogenhandel und Verbrechen zu halten, musste Zahlen von Razzien, Verzeigungen, Drogenfunden vorlegen. Die Polizei liess im Prinzip – gemäss der stadträtlichen Strategie – den «Needle-Park» in Ruhe, überwachte die Situation unauffällig, führte Razzien durch, manchmal wöchentlich,

Vergitterung und wachsender Widerstand

Zum Schutz der Bevölkerung wurden die DrogenkonsumentInnen eingesperrt und ausgegrenzt. Diese Massnahmen stiessen auf zunehmendes Unverständnis und wachsenden Widerstand.

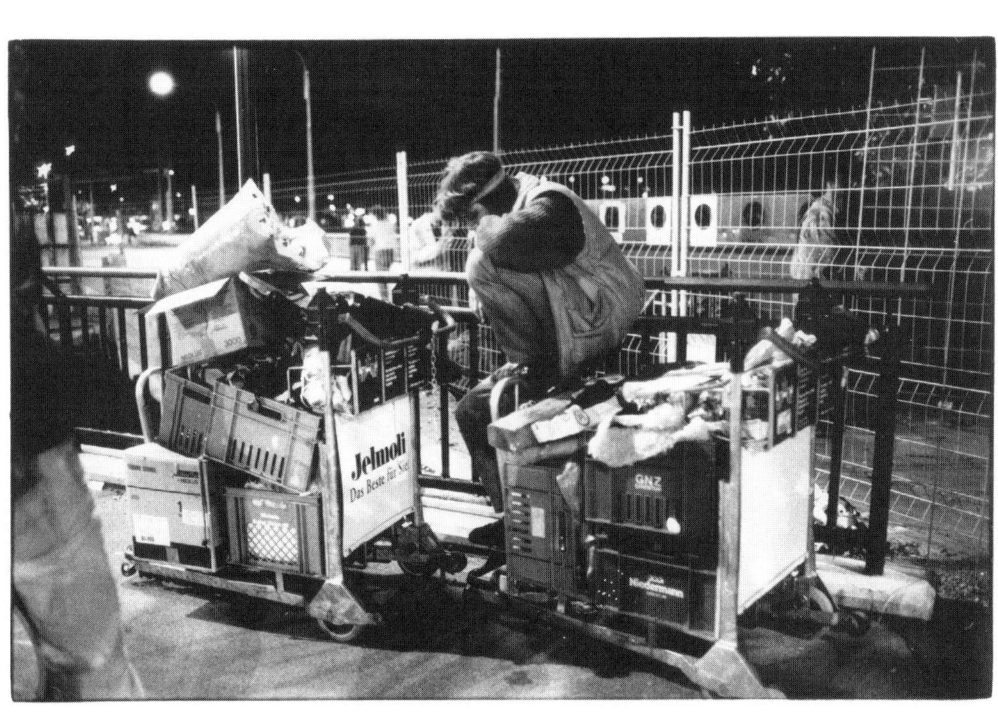
Jelmoli
GNZ

GITTER
MACHEN BITTER

machmal seltener, manchmal «weicher», manchmal härter, je nach politischer Stimmung. Sie kam meist in grosser Zahl, mit Fahrzeugen und führte ihre Arbeit während drei bis vier Stunden professionell aus. Der Platzspitz war mit seinen vier engen Eingängen leicht abzuriegeln, so dass die Anwesenden nicht entkommen konnten. Man kontrollierte die Ausweise, strippte verdächtige Fixer in Fahrzeugen. Einige Drogenbenützer wurden mitgenommen, wahrscheinlich vor allem Drogenhändler, die meisten Fixer aber in Ruhe gelassen. Man sah es den Gesichtern der Polizisten an, erkannte es an deren Handeln: zwar erfüllten sie einen wichtigen Auftrag, aber sie leisteten auch Sisyphusarbeit. Die Polizei respektierte die Arbeit im grünen Bus und im Zipp-Haus, die während der Razzien ihre Arbeit ausser in Notfällen unterbrachen. Die Polizisten mussten auftragsgemäss oft auch hart handeln, wobei viele ihrer Vertreter jedoch das Elend sahen und verständnisvoll reagierten.

In den Medien erschienen regelmässig Berichte über die Zahl von Überprüfungen, Festnahmen, Drogenbeschlagnahmungen und Ausländeranteilen. Bis zur Platzspitzschliessung im Februar 1992 fanden alle ein bis drei Wochen Polizeirazzien statt.

Viele DrogenbenützerInnen waren bei Polizeipräsenz verängstigt, andere hatten Routine, hatten sich daran gewöhnt. Viele waren wütend, andere gleichgültig, aber nicht wenige auch verständnisvoll und dankbar, dass die Polizei für eine gewisse Ordnung sorgte und potentiell und effektiv gewalttätige Elemente in Schranken hielt.

UMSTRITTENE PHÄNOMENE UND SCHLAGWORTE IM POLITISCHEN UMFELD

AUSLÄNDERSOG: Die Stadt Zürich war – zu Recht – stolz auf die Ausstrahlung der Bahnhofstrasse und der Altstadt auf die übrige Schweiz und das Ausland, nicht aber auf die Sogwirkung der offenen Platzspitz-Drogenszene. Dort stieg der Anteil von Ausländern gelegentlich an, erreichte aber nie auch nur annähernd die 15–20 Prozent, die der Ausländeranteil an der Gesamtbevölkerung betrug. Dennoch operierten einige Politiker, Parteien und Medien mit dem Begriff «Ausländerpark», sprachen vom «Ausländersog». Diese Vorstellung drang auch ins Bewusstsein der Bevölkerung. Von vielen Fachleuten wurde dies anders gesehen, allein schon auf Grund der bei den Polizeirazzien erhobenen Zahlen. Die gleichen Kräfte wie in Zürich sprachen vom Ausländersog der offenen Szenen in Bern, Basel, Stuttgart, Frankfurt und Dutzenden anderer Städte. Auch die dortige Bevölkerung meinte, dass ihre Stadt besonders betroffen sei. Effektiv war die Zahl von intravenös injizierenden Drogenbenützern ab 1985 in ganz Europa angestiegen, hatte sich in kurzer Zeit verdoppelt. Diese Zunahme hatte einen Sog in die Städte bewirkt, in Zürich nicht mehr als anderswo. Dasselbe galt für den Drogenhandel, für die Zahl der verhafteten Drogenhändler und für die zunehmende Drogenkriminalität, Phänomene, welche nicht nur in Zürich, sondern auch in Bern, Basel und in ganz Europa auftraten. Dies alles reflektierte die generelle Ausbreitung der Drogensucht in der ganzen Welt und die immer besser organisierte Drogenmafia.

Man wollte dies nicht zur Kenntnis nehmen, benützte oder besser missbrauchte den Begriff «Ausländersog» in der drogenpolitischen Diskussion. Man ging oft noch einen Schritt in eine andere Richtung, sprach von «Drogenhöllen». Damit konnte man noch drastischer darlegen, dass diese «andere Welt» eine bedrohliche Schande geworden war, die man beseitigen müsse. Jeder, der eine offene Drogenszene gesehen hatte, sah vor allem viel Leid und Verzweiflung, ob in Zürich oder anderswo. Der Begriff «Drogenhölle» war für diejenigen, welche die Verhältnisse wirklich kannten, ein Ausdruck von politischem Kalkül, vom Zwang der Medien, Aufmerksamkeit zu erregen, von Unkenntnis oder von fehlendem menschlichem Respekt.

In den meisten Städten der Schweiz, in denen sich offene Drogenszenen gebildet hatten, bemühten sich private und behördliche Stellen um Hilfe, anfänglich oft politisch umstritten und gegen Widerstände. Dazu nur wenige Beispiele. In St. Gallen hatte sich nach der «Hechtbesetzung» 1972 eine offene Drogenszene entwickelt, die sich bald um das «Bienehüsli» konzentrierte. Die eine politische Seite wollte die Szene zum Verschwinden bringen, die andere Seite das Problem anders anpacken, so durch die städtische Stiftung für Drogenhilfe, die städtischen Kirchgemeinden und die Pro Juventute (Rückblick im «St. Galler Tagblatt», 9. November 2008).

In Bern gab es eine offene Drogenszene im Kocherpark, die auch für Parlamentarier bedrohliche Szene auf der Bundeshausterrasse und diejenige in der Reithalle. Die eine Seite wollte die Szenen auflösen, die andere zuwarten, bis dafür bessere Voraussetzungen geschaffen seien. Man unterstützte auch von behördlicher Seite das grosse «Contact»-Hilfsnetz. Daneben wirkte der Verein Domino. In Chur hiess die offene Drogenszene Fontanapark, in Olten Gleisspark. An beiden Orten waren öffentliche und private Drogenhilfen tätig.

SPRITZENSOG: Eine Besonderheit des Zürcher «Needle-Parks» war die grosse Personenrotation. In keiner anderen Stadt der Schweiz konnten damals,

1989–1991, so leicht und gratis gebrauchte gegen sterile Spritzen und Nadeln umgetauscht werden. Die Süchtigen waren sich der Gefahr des «needle sharing» fast mehr bewusst als viele der auswärtigen Behörden. So kam ein grosser Anteil der Süchtigen aus anderen Kantonen von Zeit zu Zeit nach Zürich, um sich «einzudecken». Auf den Anteil «Auswärtiger» in den Polizeistatistiken hatte dies wenig Einfluss, da die Rotationsintensität nicht berücksichtigt werden konnte. Dies war aber für die Helferinnen und Helfer des Zipp-Hauses mit den täglichen 1400–3000 Personenkontakten augenfällig. Eine Zipp-Aids-Erhebung hatte, analog zu den Polizeiangaben, einen Anteil von Ausserkantonalen von rund 30 Prozent ergeben, wovon fast die Hälfte aus dem grossen Nachbarkanton Aargau stammte. Von den 1990 umgetauschten 1,46 Millionen Spritzen-und-Nadel-Sets kamen rund 328 000 Drogenkonsumenten aus dem Aargau zugute. Dies führte zu einer politischen Kontroverse.

DER ANFANG VOM ENDE

Der Platzspitz begann aus allen Nähten zu platzen, wurde auch für die DrogenbenützerInnen zu eng und unwirtlich. Die Hektik nahm zu, der Uringeruch wurde immer penetranter (auf dem Platzspitz gab es keine Toiletten), nachts waren die Ratten immer sichtbarer. Immer mehr FixerInnen «hingen» in der Stadt herum, hielten sich tagsüber und vor allem nachts im Hauptbahnhof auf, suchten nach Toiletten und Waschmöglichkeiten, zum Beispiel in Zügen, öffentlichen Gebäuden und Restaurants. Verständliche Gegenmassnahmen nahmen zu: Restaurants schlossen die Toiletten und gaben Chips an Gäste ab. Man konnte endgültig nicht mehr verbergen, was man im Verborgenen geduldet hatte. Der politische Widerstand in den betroffenen Quartieren schwoll an. Reaktionen waren voraussehbar. Die Quartierbevölkerung um den Platzspitz hatte genug. Die kriminelle Bedrohung machte Angst, auch die herumstehenden und -laufenden Drogensüchtigen. Die Anwohner begannen sich zu wehren und setzten Inserate in die Zeitungen.

» *Drogensüchtige infiltrierten die Stadt – der geduldete «Needle-Park» wurde unduldbar*

Die Geduld der Staatanwaltschaft war im April 1991 zu Ende: Der Drogenhandel in Zürich und auf dem Platzspitz war angestiegen, wurde immer mehr von professionellen Gruppen dominiert. Es war auch zu zwei Schiessereien gekommen, zu drei unklaren Todesfällen am Limmatufer und zu einem Todesfall direkt vor dem Zipp-Haus. Die Polizei verstärkte ihre Tätigkeit. Innert kurzer Zeit erfolgten 330 Festnahmen und 240 Strafbefehle. Man frohlockte, da die Zahl der Drogentoten in Zürich während vier Monaten zurückging, doch erreichte sie darauf wieder das alte Niveau. Das Resultat der härteren Gangart war insofern enttäuschend, als der Drogenhandel in der Folge nicht zurückging, sondern noch raffinierter und gewalttätiger wurde.

Die Bombe platzte am 7. Oktober 1991: Der Statthalter des Bezirks Zürich, eine Aufsichtsinstanz der Kommunalbehörden, Bruno Graf, der vorher kaum je in Erscheinung getreten war, ordnete die Schliessung des Platzspitzes innert drei Wochen an. Je nach politischer Einstellung wurde dies als Ausdruck eines echten Verantwortungsgefühls interpretiert oder als wahltaktisches Kalkül; Graf kandidierte als Nationalrat. Das Echo jedenfalls war gross. Der Stadtrat, der sich die Schliessung des Platzspitzes vorgenommen hatte, aber erst, wenn die Voraussetzungen dazu erfüllt wären, fühlte sich überrumpelt, stellte die Rechtmässigkeit der Forderung in Frage und machte einen Rekurs. Etwas später hielt der Gemeinderat eine Generaldebatte ab, mit unterschiedlichen Standpunkten, nun aber mit einem Überwiegen der Befürwortung der Platzspitzschliessung, wenn auch in Raten und mit Begleitmassnahmen. Der Regierungsrat hob den Entscheid der sofortigen Räumung des Platzspitzes auf und plädierte für eine Räumung in Raten und bis Ende des Winters. In der Presse gab es hunderte Berichte, nicht nur in Zürich, sondern in der ganzen Schweiz und im Ausland.

DIE SCHLIESSUNG DES PLATZSPITZES

Die Aufhebung des «Needle-Parks» in Raten begann im Dezember 1991. Am Sihlquai hatte sich schon lange eine Haschisch/Marihuana-Szene entwickelt, die sich Richtung Drahtschmidli erweiterte. Man wollte diese Szenen trennen, den Zugang zum Platzspitz erschweren und schloss ab Dezember 1991 vor allem abends und nachts die beiden Flussübergänge mit neuen Gittertoren. Die Wirkung war marginal, das Medienecho gespalten.

Ab dem 14. Januar 1992 wurden nachts der Hauptbahnhof und das Shop-Ville zwischen ein und vier Uhr mit neu errichteten Gittertoren geschlossen, der Platzspitz schon ab zweiundzwanzig Uhr und bis sieben Uhr. Die Reaktionen von Seiten der Öffentlichkeit waren unterschiedlich. Der «Tages-Anzeiger» vom 15. Januar titelte: «Vergitterte Demonstration der Hilflosigkeit: Räumung des Platzspitzes gut verlaufen. Gelassenheit im Shopville». Schon bald nach den Nachtschliessungen bildeten sich neue Drogenkleinszenen

Schlagzeilen in der Zürcher Presse vor der Platzspitzschliessung

«3 Tage vor den Nationalratswahlen. Traurige Wahlkampfaktion. Statthalter Graf will Platzspitz räumen lassen» (Volksrecht, 17. Oktober 1991)
«Statthalter verfügt Räumung des Platzspitzes. Der Stadtrat bezweifelt die Rechtskraft der Weisung und will Rekurs einlegen» und «Schwerer Eingriff in die Gemeinde-Autonomie» (Tages-Anzeiger, 17. Oktober 1991)
«Meinungen der Parteien: SVP ‹grosse Genugtuung›, CVP ‹Räumung überfällig›, FDP ‹bedauerlich, aber verständlich›, SP ‹ein Schreibtischtäter am Werk›» (Neue Zürcher Zeitung, 17. Oktober 1991)
«Kritik am Platzspitzräumungsbefehl. Zerstörung konstruktiver Aufbauarbeit (ZIPP-Aids). Räumungsbefehl nicht seriös» (Neue Zürcher Zeitung, 18. Oktober 1991)
«Drogenhölle Zürich. Endlich wird aufgeräumt» (Blick, 18. Oktober 1991)
«Der Stadthalter, der eine Bombe platzen liess» (Tages-Anzeiger, 19. Oktober 1991)
«Spritzenautomat auf dem Platzspitz, trotz Räumungsbefehl» (Neue Zürcher Zeitung, 19. Oktober 1991)
«Wenn ‹Grafen› zur Ruhe und Ordnung blasen» (Tages-Anzeiger, 22. Oktober 1991)
«Durch Platzspitzräumung würde die Stadt total überfordert» (Tages-Anzeiger, 23. Oktober 1991)
«Viel Kritik für den Statthalter im Gemeinderat» und «Geräumt ist rasch, aber wie weiter?» (Tages-Anzeiger, 24. Oktober 1991)
«Dann ziehen wir in die Quartiere. Platzspitzräumung kurbelt Drogenhandel an» (Züri-Woche, 24. Oktober 1991)
«Platzspitz schliessen, aber nicht so schnell» (Volksrecht, 31. Oktober 1991)
«Platzspitzräumung sofort oder schrittweise? Drogenpolitischer Kurswechsel» (Neue Zürcher Zeitung, 1. November 1991)
«Es wird dezentrale Stellen geben. Grossdebatte im Kantonsrat» (Tages-Anzeiger, 26. November 1991)
«Grosse Mehrheit befürwortet Räumung des Platzspitzes» (Züri-Woche, 9. Januar 1992)
«Räumung hat begonnen» (Neue Zürcher Zeitung, 14. Januar 1992)
«Der Platzspitz ist eine Katastrophe für uns alle (die Präsidenten der beiden Polizeibeamtenverbände)» (Züri-Woche, 15. Januar 1992)
«Wende vollzogen. Platzspitz geschlossen. Erschwerter Spritzenaustausch» (Tages-Anzeiger, 6. Februar 1992)

in unmittelbarer Nähe des Platzspitzes. Das Zipp-Aids-Team musste auch dort künstliche Beatmungen durchführen.

Am 6. Februar 1992 wurde der Platzspitz geschlossen, mussten auch Zipp-Aids und der «grüne» Bus ihre Tätigkeit aufgeben. Die Stadtbehörden hatten vorher die Zipp-Aids-Verantwortlichen informiert. Diese hatten die Verhältnisse auf dem Platzspitz als zunehmend schwierig, aber nicht als kritisch beurteilt, akzeptierten die Entscheidung, äusserten aber Bedenken, dass man zu früh handle, dass das bestehende dezentrale Hilfssystem die vertriebene Fixerszene nicht auffangen könne und dass insbesondere die medizinische Prävention viraler Erkrankungen nicht aufrechterhalten werden könne. Teile der Stadtbehörden äusserten die gleichen Bedenken, mussten sich aber dem politischen Diktat beugen.

» *Endlich – der Schandfleck ist weg. Nach mir die Sintflut? Wahrscheinlich kommt sie nicht.*

4. DAS HILFSNETZ FÜR DROGENBENÜTZER AUSSERHALB DES PLATZSPITZES

Nachstehend ist das dezentrale Drogenhilfsnetz aufgeführt, wie es sich vor der Platzspitzschliessung präsentierte. Bereits ab 1971 waren die ersten «Drogenhilfen» in der Stadt Zürich eröffnet worden. In den folgenden Jahren kamen immer mehr hinzu. Bis zur Schliessung des Platzspitzes 1992 gab es mehr als zwanzig Drogenhilfsstellen, von der Stadt Zürich betrieben, aber auch von privaten Organisationen, oft staatlich teilsubventioniert.

Von öffentlicher Hand betriebene ambulante Institutionen in der Stadt Zürich

Sozialpsychiatrischer Dienst der Universitätsklinik
- hauseigenes Ambulatorium, auch Poliklinik für die Methadonabgabe
- zwei Drop-ins
- Arbeitszusatzprogramme (Gärtnerei mit tageweiser, bezahlter Arbeit)

Zürcher Sozialdepartement
- sieben Kontakt- und Anlaufstellen zur Lebens- und Überlebenshilfe mit Cafeteria, Duschen, Waschmaschinen, Abgabe von Präventionsmaterial und Beratung
- Notschlafstellen: Tramdepot Tiefenbrunnen und Zollstrasse
- Jobbus
- Tagesaufenthaltsräume für Jugendliche

Stadtärztlicher Dienst
- Krankenzimmer für Obdachlose mit Tagesraum (Limmatstrasse)

Ambulante Privatbetriebe
- Sozialwerke Pfarrer Sieber (Aktion Bettwärme, Akutspital Sune-Egge, Pfuusbus, Wohngruppen, Diakoniedienste)
- Zürcher Arbeitsgemeinschaft für Jugendprobleme (Gassenküche, Gassenarbeit und Hermann, eine Anlaufstelle für männliche Prostituierte)
- Verein Drogenentzug und Drogenhilfe (Gassenarbeit und feste Beratungsstelle)
- franziskanische Gassenarbeit (Küche Am Wasser)
- Verein Zürcher Jugendhaus (unter christlicher Trägerschaft), Christehüsli auf dem Dach des Dynamo
- Zürcher Aids-Hilfe (mit Aufenthaltszimmer und Beratung)
- Zürcher Aids-Projekte und Arche Zürich (je mit vielen Betreuungsangeboten)
- Drogenberatungsstelle Sansibar

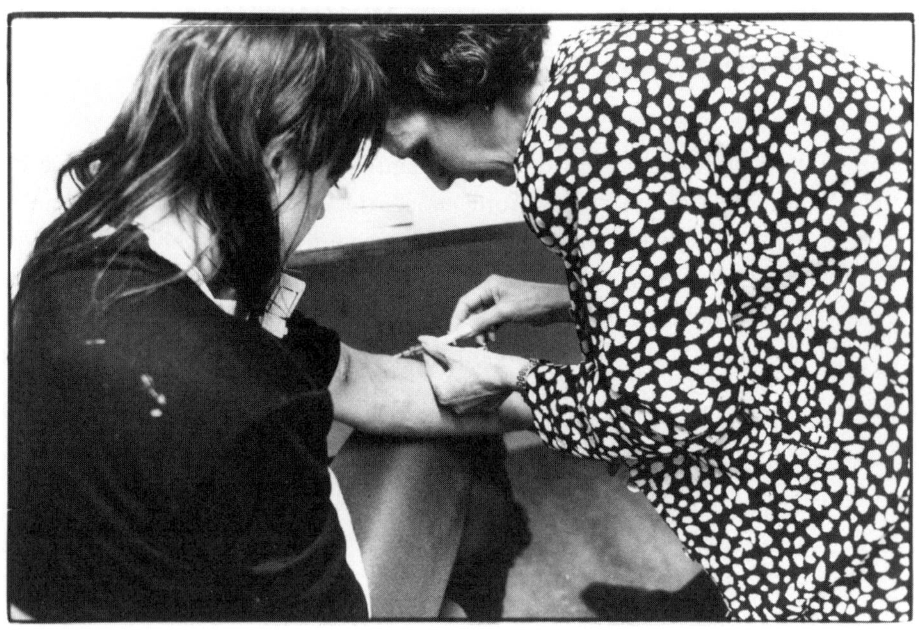

Diagnostische Blutentnahme und Impfungen in Hilfsstellen. (Fotos Gertrud Vogler)

5. NATIONALE UND INTERNATIONALE AUSSTRAHLUNG DES «NEEDLE-PARKS»

So wie die Achtundsechzigerbewegung weite Teile der Welt erfasst hatte, griffen überall viele Jugendliche zu Drogen, wurden ausgegrenzt und fanden sich ab etwa 1975 in offenen Drogenszenen, so in allen grösseren Städten der Schweiz, Europas, der USA und Teilen Asiens.

Der Platzspitz erhielt aber besondere Aufmerksamkeit und den Namen «Zurich Needle Park»,[29] weil hier die offene Drogenszene besonders gross und augenfällig war und vor allem auch weil ein staatlich unterstütztes Programm einen Spritzen- und Nadelumtausch im grossen Stil ermöglichte, anderorts damals ein undenkbares Vorgehen. Wie erwähnt gab es auch in Bern, Basel, Luzern und in vielen andern Schweizer Städten offene Drogenszenen. In Bern war sogar der erste Fixerraum entstanden und es sorgte die Szene auf der Bundeshausterrasse für Ängste unter den Parlamentariern. Der «Needle-Park» überwog in der «Ausstrahlung», war so etwas wie ein internationales Markenzeichen des Drogenproblems. Über den «Needle-Park» gab es denn auch viele Radio- und Fernsehsendungen und weltweit hunderte Zeitungsberichte, wobei die Verhältnisse in Zürich oft mit der Situation in der eigenen Stadt oder im eigenen Land verglichen wurden.[30] Dem Zürcher «Needle-Park» kamen dabei weltweit zwei völlig divergierende Bedeutungen zu, je nach der «politischen» Ausrichtung der Medienquelle:

- ein Ort des Jammers und Schreckens, wo sich inmitten einer reichen Schweizer Stadt eine Drogenszene breitgemacht hatte, deren Grösse und Sichtbarkeit als Folge des Versagens einer Drogenpolitik, die von der rein repressiven Drogenbekämpfung abgerückt war, gesehen wurde. Das Wort «Needle» war der Inbegriff von ungehemmtem Drogenkonsum, das Wort «Park» stand für die Vorstellung eines grossen Strudels mit Sogwirkung auf Süchtige und Drogenhandel.
- ein Ort des Schreckens, wo an Hunderte von DrogenbenützerInnen zur Aids-Prävention neue gegen gebrauchte Spritzen und Nadeln abgegeben wurden, dies sogar vom Staat geduldet und finanziert, eine von Fachleuten geforderte Massnahme, von der man weltweit noch weit entfernt war.

In Fachkreisen überwog die positive Berurteilung, insbesondere als aufschlussreiche wissenschaftliche Ergebnisse publiziert wurden. Mitglieder des Zipp-Aids wurden vielfach eingeladen, hielten Vorträge in Wien, Berlin, Frankfurt, Madrid und wurden von Behörden und Fachgremien zur Beratung beigezogen. Ein Zipp-Aids-Mitglied wurde in eine Präventionsexpertengruppe der Weltgesundheitsorganisation berufen.[31] In den folgenden zehn Jahren begann man in vielen Ländern mit Spritzen- und Nadelumtausch.

Für die schweizerische Drogenpolitik gab der Platzspitz einen wesentlichen Anstoss zu einer Kehrtwende von fast ausschliesslicher Repression zu einem Mehrsäulenprinzip mit dem Ziel einer differenzierteren Reduktion des Drogenproblems, flächendeckend und mit tiefer Schwelle, das heisst für alle zugänglich. Auch in anderen europäischen Ländern wurden Zipp-Aids-ähnliche Institutionen aufgebaut, gab es gassennahe Stellen mit Aids-Prävention, begann sich die Drogenpolitik zu ändern, wenn auch vielerorts Jahre vergingen.

ZWISCHENBILANZ

In Zürich war von keiner Seite gewünscht worden, dass eine Gassenszene vom Ausmass des «Needle-Parks» entstehen sollte. Die Drogenszene war – wie weltweit – trotz Polizeianstrengungen immer stärker angewachsen, war aus einer negativen Entwicklung des damaligen Zeitgeistes entstanden. Man erschrak, als das Ausmass des Drogenproblems augenfällig wurde. Die eine politische Seite pochte immer wieder darauf, den Platzspitz sofort zu schliessen. Für die andere Seite war dies nur ein Fernziel, das erst dann aktuell würde, wenn ein tragfähiges Auffangnetz aufgebaut sei. Sie sah, dass bis dann am Ort selbst gehandelt werden müsse, um gravierende medizinische Spätfolgen zu vermeiden und medizinische Ersthilfe zu leisten. Diese Seite überwog vorerst. So war im Spätherbst 1988 das Zipp-Aids entstanden, das weltweit erste Projekt dieser Dimension, welches seine Tätigkeit über drei Jahre aufrechterhalten konnte. Dann begann die andere Seite zu überwiegen, nicht zuletzt weil die Drogenszene noch grösser und gewalttätig geworden war. Die übereilte Schliessung des Platzspitzes, ausgelöst durch den Zürcher Statthalter, wurde von einem Teil der Behörden und der Bevölkerung mitgetragen, war aber auf fachlicher Seite umstritten.

TEIL 3

ENTWICKLUNG DER ZÜRCHER DROGENSZENE UND -HILFE NACH DER PLATZSPITZSCHLIESSUNG, 1992–2008

1. DIE LETTENSZENE, 1992–1994

Die Stadtbehörden hatten schon vor dem Februar 1992 auf eine Schliessung des Platzspitzes hingearbeitet, waren aber durch die überstürzte Schliessung überrumpelt worden. Hunderte von Drogensüchtigen suchten eine neue «Gasse», um sich zu finden, in Gesellschaft zu fixen, zu dealen und Waren zu tauschen. Sie fanden sich vorerst diffus verstreut im Gebiet der Langstrasse, nun inmitten von Geschäften, Wohnungen und Schulen mit Kindern, eine schwere Belastung für die Bevölkerung. Die Geschichte wiederholte sich. Man trieb die DrogenbenützerInnen einige Zeit vor sich her, bis sie einen neuen «ruhigen Platz» fanden, das Gelände um den ehemaligen Lettenbahnhof, nicht weit vom Platzspitz entfernt und wie dieser etwas fern vom «normalen» Leben. Es fehlten aber dort ein Zipp-Haus, ein «grüner» Bus und die rührigen Hilfeleistungen von Aussenstehenden, die Essen und Kleider brachten. Das Gelände füllte sich täglich mit 500 bis 800 DrogenbenützerInnen und war nun fast ganz dominiert von kriminellen, ausländischen Drogenhändlern, die viel Gewalt brachten. Die Polizei befand sich auf einer noch kritischeren Gratwanderung als auf dem Platzspitz. Niemand hatte sich das Resultat vorstellen können, wenn Sucht, Elend und Gewalt fast ungebremst aufeinanderprallen würden.

Die Stadtbehörden suchten den Schaden der überstürzten Schliessung des Platzspitzes zu begrenzen, mussten die Lettenszene dulden; man wollte diesmal gut vorbereitet sein, bevor man sie schloss. Unmittelbar nach der Platzspitzschliessung waren die Kontakt- und Anlaufstellen und andere Einrichtungen überrannt worden, wurden teilweise verlegt und ihre Leistung ausgebaut.[32] Dasselbe galt nach der Schliessung der Lettenszene.[33] Am 1. April 1992 wurde die Forderung des Gemeinderates nach Fixerräumen von 1988 wieder aufgenommen und am 14. Mai 1992 ein entsprechendes Postulat bewilligt. In drei der bestehenden Kontakt- und Anlaufstellen wurden dazu abgetrennte Räume benützt. Das Tageszimmer für Obdachlose wurde so stark überrannt, dass ein geordneter Betrieb nicht mehr möglich war. Nach vorübergehender Schliessung und Wiedereröffnung wurde es im Februar 1995 endgültig geschlossen.

» *Viele sahen die «Lettenkatastrophe» voraus und versuchten den Schaden zu begrenzen*

Man unternahm auch Anstrengungen, um den Einbruch der Aids-Prävention durch den Umtausch gebrauchter gegen sterile Spritzen aufzufangen und die von Zipp-Aids täglich abgegebenen über 10 000 Spritzen anderweitig zu verteilen. Einer der Zipp-Busse wurde übernommen und auch die Zipp-

Zürcher Pressetitel während der Lettenszene

«Wenn nicht hier, wo bitte soll ich bleiben? Drogenszene im Kreis 5. Nicht nur Drogensüchtige, auch viele AnwohnerInnen sind am Verzweifeln» (Tages-Anzeiger, 4. März 1992)
«Droht dem Kreis 5 jetzt eine Bürgerwehr? Private wollen das Quartier ‹in gemeinsamer Selbsthilfe vom Drogenslum befreien›. Polizei und Anwohner warnen vor einer Gewalteskalation» (Tages-Anzeiger, 23. Juli 1992)
«Hoffnung auf eine verdeckte Drogenszene nicht erfüllt. Drogenpolitik wird vor allem wieder durch polizeiliche Repression bestimmt» (Neue Zürcher Zeitung, 5. Februar 1993)
«Kein Ort, nirgendwo. Sie sind überall» (Tages-Anzeiger, 5. Februar 1993)
«Der alltägliche Dealer-Terror in Zürich: Geld her oder ich mach dich kaputt. Unglaubliche Folterszenen am Lettensteg (Zwischen Dealern und Süchtigen)» (Züri-Woche, 3. Juni 1993)

Patrouillen wurden weitergeführt und alle dezentralen Hilfseinrichtungen für den Spritzen- und Nadelumtausch eingesetzt, teilweise auch Apotheken. Im Lauf des Jahres 1993 war das Defizit ausgeglichen (Tabelle 17).
Auch auf politischer Seite sah man Handlungsbedarf: Der Zürcher Stadtpräsidenten Josef Estermann appellierte im Tages-Anzeiger vom 1. Juli 1992 an den Kanton und die Gemeinden für eine Unterstützung in der Drogenpolitik. Er wies darauf hin, dass das Drogenproblem nicht hausgemacht und dass Hilfe zur Integration von Drogenabhängigen notwendig sei.
Auch auf kantonaler Ebene hatte man vorausgeschaut, war man schon lange aktiv gewesen: Es ging um die Organisation einer kantonalzürcherischen, dezentralen Drogenhilfe. Die Initiative war vom Gemeindepräsidentenverband,[34] vom Leiter des sozialpsychiatrischen Dienstes, der gleichzeitig Mitglied der kantonalen Drogenkommission war,[35] und von der Gesundheitsdirektion ergriffen worden. Zum Auftakt des Projekts hatten sich bereits im September 1990 rund 300 Gemeindepräsidenten und Fürsorgevorstände auf dem Platzspitz eingefunden, um sich vom Stadtrat informieren zu lassen. Man rief die Gemeinden auf, Drogenhilfsstellen einzurichten, und sagte kantonale finanzielle Hilfe (30 Prozent der entstehenden Kosten) zu. Es sollten aber noch Jahre vergehen, bis eine breite Entwicklung erfolgte.

» *Zürich sucht nach neuen Lösungen*

Tabelle 17: Abgabe von Spritzen-und-Nadel-Sets pro Tag in der Stadt Zürich nach der Platzspitzschliessung

	Dezember 1991	März 1992	Oktober 1992	Januar 1993	September 1993
Zipp-Haus	9 150	–	–	–	–
Zipp-Busse	1 800	–	–	–	–
städtischer Spritzenbus	–	(2 250)	(2 350)	2 160	4 287
Kontakt- und Anlaufstellen	–	(4 300)	(4 450)	5 280	8 760
Notschlafstellen, Drop-ins u. a.	200	(400)	(500)	840	2 160
Automaten	200	250	300	277	526
Total	11 350	7 200	7 600	8 557	15 733

Zahlen in Klammern: von den Abgabestellen geschätzt, nicht einzeln dokumentiert.

Man schuf in der alten Kaserne ein Rückführungszentrum, um die ausserstädtischen und ausserkantonalen DrogenbenützerInnen auf die Herkunftsregionen zu verteilen, musste aber vorerst realisieren, dass diese teilweise schlecht vorbereitet waren und selbst mit lokalen Drogenproblemen zu kämpfen hatten. Zuerst mussten vielerorts neue Institutionen zur Aufnahme und Betreuung von Drogensüchtigen aufgebaut werden, was Zeit brauchte. Deshalb tauchten viele «Rückgeführte» rasch wieder in der Zürcher Drogenszene auf. Zwischen der Eröffnung vom 2. August und 25. November 1994 waren 2150 Drogensüchtige dem Zentrum zugewiesen worden. 57 Prozent konnten an Gemeinden vermittelt werden. Die übrigen 43 Prozent, das heisst über tausend Süchtige, mussten auf die «Gasse» entlassen werden.

Einen entscheidenden Schritt, der bereits im Februar 1992, unmittelbar nach der Schliessung des Platzspitzes, eingeleitet worden war, unternahm die private Arbeitsgemeinschaft für risikoarmen Umgang mit Drogen (Arud) in Zürich. Sie nahm den Betrieb einer ersten Poliklinik (Zokl 1) auf. Bereits im ersten halben Jahr nach der Eröffnung wurden mehrere Hundert Heroinabhängige in die sogenannte niederschwellige Methadonsubstitution aufgenommen, ein damals sehr umstrittenes Unterfangen, welches aber später allgemein akzeptiert wurde.

Der Druck des Elends war schliesslich zu gross geworden. Die Behörden fühlten sich bereit, hatten viele Vorkehrungen getroffen. Am 14. Februar 1995 wurde der Letten polizeilich geräumt. Die Hunderten von Süchtigen und Händler zogen sich in die Hinterhöfe der Langstrasse und Umgebung zurück, wo ein Teil noch heute anzutreffen ist, ein bleibendes Problem. Andere verteilten sich über die ganze Stadt. Szenenbildung gab es nur noch im Ansatz (Bäckeranlage), eine neue Grossszene entstand aber nie mehr.
Die dezentrale Drogenhilfe gewann an Fahrt: Die erwähnten Anstrengungen für eine kantonalzürcherische, dezentrale Drogenhilfe begannen sich auszuzahlen. Schon während der Zeit der Lettenszene hatten einige Gemeinden des Kantons begonnen, Drogenhilfseinrichtungen aufzubauen und Drogensüchtige aus dem Rückführungszentrum der Stadt Zürich aufzunehmen. Es kamen immer mehr dazu. Man realisierte, dass nicht die Stadt für die Entstehung der Drogensucht allein verantwortlich war, sondern, dass viele Drogensüchtige «auf dem Lande» aufgewachsen waren und dass dort ihre Sucht begonnen hatte. Im Dezember 1995, Monate nach der Schliessung der Lettenszene, äusserte sich der kantonale Drogendelegierte Attilio Stoppa: «Die Landgemeinden klemmten in der dezentralen Drogenhilfe, ein Vorwurf, der immer weniger gilt.» In vielen, auch kleineren Gemeinden waren Drogenhilfseinrichtungen (Notschlafstellen, Tageseinrichtungen, Arbeitsvermittlungen) entstanden, und es wurden teilweise Spritzen umgetauscht. Es gab über vierzig Institutionen, darunter acht im Kanton verteilte regionale Beratungs- und Behandlungszentren, dreissig Notschlafstellen und betreute Wohngruppen, unter anderem die «Notschliifi» Meilen, die Methadonwohngruppe in Wald, der Jobbus in Winterthur.

» *Das Ende der Lettenszene – ein Neubeginn*

In der übrigen Schweiz wurden über 300 dezentrale Drogenhilfseinrichtungen eingerichtet, teilweise noch früher als in Zürich, da dort die offenen Drogenszenen schon früher hatten aufgelöst werden können.[36] Am 30. November 1994 widmete der «Brückenbauer» dem Thema mehrere Seiten unter dem Titel «Die Sucht zieht aufs Land» mit Situationsberichten aus Basel, Chur, Olten, Schwyz und Winterthur sowie einem Interview mit Thomas Zeltner, dem Direktor des Bundesamtes für Gesundheitswesen. Er honorierte es, dass in vielen Gemeinden die Behörden und die Bevölkerung begonnen hatten, Mitverantwortung zu übernehmen, wie dies dem Konzept des Bundes entsprach.
Während langer Zeit sprach man in der Weltpresse nur noch vom Schrecken, wenn von der Lettenszene die Rede war, die positiven Kommentare

zur Zürcher Drogenpolitik verschwanden, obwohl sie, gerade was die Spritzenabgabe betraf, mittlerweile Nachahmung gefunden hatte.
In der Politik, den Medien und der Bevölkerung fand ein Umdenken statt. Zwar hielten einige Kreise, wenn auch kleinlaut geworden, immer noch an der reinen Repressionsstrategie fest. Die Mehrheit aber ging dazu auf Distanz und war der reinen Repression gegenüber kritisch geworden, akzeptierte, dass die Drogenpolitik geändert werden müsse.[37]
Die Lettenszene hatte eindrücklich vor Augen geführt, dass die repressive Vertreibung der Drogenszene fast zwangläufig zur Entstehung einer neuen Grossszene führte, die man letztlich dulden musste, so lange kein tragfähiges Hilfsnetz vorhanden war. Niemand zweifelte an der Wichtigkeit der Strafverfolgung von professionellen Drogenhändlern und am Sachverhalt, dass man sich des Drogenproblems aktiv annehmen müsse. Es setzte sich bei einem immer grösseren Teil der Bevölkerung und der Politik die Erkenntnis durch, dass die Drogensucht eine hartnäckige, chronische Krankheit sei, der man vor allem medizinisch und sozial begegnen müsse. Die Medizinalisierung des Drogenproblems erhielt Aufwind. Immer stärker verbreitete sich auch der Gedanke, dass eine drogenfreie Gesellschaft nicht erreicht werden könne. So kamen neue Massnahmen zur Reduktion des Drogenproblems zur Anwendung.

» *Die klärende Seite der Lettenszene: auf dem Weg zur weiteren Medizinalisierung des Drogenproblems*

2. DIE VIER-SÄULEN-STRATEGIE – ZAUBERFORMEL UND WEG ZUR ÖFFNUNG

Es ist im Nachhinein schwierig zu entscheiden, wann die Vier-Säulen-Strategie zum ersten Mal thematisiert worden ist. Die erste und lange Zeit praktisch einzige Säule der Drogenbekämpfung war nach der Revision des Betäubungsmittelgesetzes von 1975 die Repression. Dann kamen auf praktischer Ebene schrittweise neue Massnahmen hinzu. Es vergingen aber 33 Jahre, bis mit der erneuten Revision des Betäubungsmittelgesetzes die vier Säulen Prävention, Therapie, Überlebenshilfe und Repression/Kontrolle standen und vom Stimmvolk akzeptiert wurden. Dazwischen lagen, wie in vielen anderen umstrittenen gesellschaftlichen Problemfeldern, Initiativen von Aussenseitern, Pionieren, Pragmatikern, progressiven Legalisten und als Reaktion darauf die geteilten Meinungen der Politik und der Bevölkerung mit jeweils wechselnden Mehrheiten.
Pioniere der Drogenbekämpfung hatten sich schon in den Siebzigerjahren und dann vor allem in den Achtzigerjahren gegen die alleinige Repression ausgesprochen. Man begann andere Massnahmen zur Reduktion des Drogenproblems zu ergreifen (zum Beispiel 1986 mit dem ersten «Fixerstübli» in Bern) und kam dabei sogar mit dem Gesetz in Konflikt. Mit dem stetigen Anschwellen der Drogenepidemie in der ganzen Schweiz ab den Achtzigerjahren begannen besonders betroffene Kantone und Städte nach pragmatischen Lösungen zu suchen, oft das meistgeplagte Zürich als Vorreiter. Wie das Zürcher Beispiel zeigt, waren von behördlicher und privater Seite schon in den Siebzigerjahren Anstrengungen im Präventions- und Therapiebereich unternommen worden (Drop-ins, therapeutische Gemeinschaften). Diese Anstrengungen wurden dann verstärkt, 1985 vor allem im Bereich der Überlebenshilfe und ab 1988 in der Krankheitsprävention auf dem Platzspitz (Zipp-Aids). Ab 1989 kam in mehreren Städten der Schweiz die Therapie hinzu, vorerst die niederschwellige methadongestützte und ab 1994 die heroingestützte Behandlung. Was private und öffentliche Pioniere schon lange gefordert hatten, wurde von den Behörden zuerst geduldet, dann begrüsst und in mehreren Schritten gesetzlich abgestützt oder zumindest in Form von Politkonzepten formuliert und mit Verordnungen eingeführt.

Grundsätze des Vier-Säulen-Modells der Drogenbekämpfung

Prävention	Therapie	Schadensverminderung	Repression/ Kontrolle
Primarprävention (in Schulen usw.) Sekundärprävention	Behandlungen: - abstinenzorientiert - methadongestützt - heroingestützt	Tagesstrukturen Notschlafstellen begleitetes Wohnen Arbeits- und Beschäftigungsprogramme Sozialhilfe	Sicherheitspolizei Kriminalpolizei Justiz

SCHADENSBEGRENZUNG DURCH SUBSTITUTIONSBEHANDLUNG

Unter Substitution versteht man die kontrollierte Abgabe eines Opiatagonisten zur Sättigung des «Opiathungers» beziehungsweise des «Heroinhungers» bei Abhängigen. Dabei werden die Aufnahme- und Andockstellen auf wesentlichen Körperzellen – bei genügender Dosierung – so «abgedeckt», dass illegales Heroin nicht mehr wirken kann. Damit werden der Zwang zur illegalen Heroinbeschaffung sowie das Risiko unsteriler Injektionen und Überdosierungen verhindert. Es gibt zwei gängige Behandlungen:

- die methadongestützte Behandlung; am häufigsten als Ersatz für «Strassenheroin» wird orales Methadon abgegeben, das eine wesentlich längere Wirkungsdauer hat als Heroin
- die heroingestützte Behandlung; Abhängigen, die trotz Methadon nicht auf Heroin verzichten können, wird als Ersatz für «Strassenheroin» pharmazeutisch reines Heroin gegeben

Beide Behandlungen setzen ein umfassendes Abklärungs-, Behandlungs- und Betreuungsprogramm voraus.

METHADONGESTÜTZTE SUBSTITUTIONSBEHANDLUNG

Die Wirksamkeit einer Methadonbehandlung zur Stabilisierung von Drogensüchtigen war bereits 1965 von amerikanischen Ärzten beschrieben und dann 1979 vom New Yorker Professor Robert G. Newman eindeutig belegt worden.[38] Erste Behandlungen fanden in der Schweiz ab 1980/83 statt, aber unter Bedingungen, die für die Ärzte (zu) hochschwellig, (zu) einschneidend waren.[39] Es vergingen oft Wochen, bis die notwendigen behördlichen Bewilligungen erteilt wurden. Die Zahl behandelter Drogensüchtiger blieb deshalb beschränkt. Dies änderte sich 1989.

1989 wurde die hochschwellige Abgabebestimmung für Opiate inklusive Methadon auf Grund eines zweiten Berichtes der eidgenössischen Betäubungsmittelkommission gelockert. Niedergelassene Ärzte durften nun methadongestützte Behandlungen ohne die Bewilligung eines externen «Indikationenarztes» durchführen. Die Bewilligungspflicht blieb aber in vielen Kantonen noch bestehen oder wurde mit den Auflagen verbunden, dass die Behandlung zeitlich limitiert sei und dass sie abgebrochen werden müsse, wenn der Süchtige noch andere Drogen konsumiere.

Die Vereinigung der Kantonsärzte und die Ärztegesellschaft riefen 1990 zur Ausdehnung der methadongestützten Behandlung auf. Immer mehr Hausärzte begannen damit, wurden aber bald von behandlungswilligen Drogensüchtigen überrannt. Immer noch bestanden Auflagen.

Einen wesentlichen Auftrieb erhielt die Therapie durch die Gründung der Arbeitsgemeinschaft für risikoarmen Umgang mit Drogen (Arud) in Zürich, ein privater Verein, der eine niederschwellige, diversifizierte Drogenabgabe anstrebte. Diese Arbeitsgemeinschaft war am 30. November 1991, kurz vor der Platzspitzschliessung, auf Initiative von Dr. med. André Seidenberg, zusammen mit Ärzten, einer Juristin, einer EDV-Spezialistin und einem Ökonomen in Zürich gegründet worden.[40] Arud wehrte sich gegen die einschränkenden Auflagen, hatte zum Ziel, Methadon ganz tiefschwellig zu verabreichen. Unmittelbar nach der Schliessung des Platzspitzes wurde die erste Poliklinik, das Zürcher Opiatkonsumlokal (Zokl) 1, eröffnet und man nahm die computerkontrollierte Methadonsubstitutionsbehandlung im grossen Stil auf, dies im Rahmen eines spezialisierten ärztlichen Beratungsdienstes. Viele Hausärzte unterstützten dieses damals politisch noch umstrittene Vorgehen. In den ersten Monaten wurden mehrere Hundert Personen in dieses Substitutionsprogramm aufgenommen, und es frequentierten täglich bis zu 500 Heroinabhängige das Zokl.[41] Man organisierte die Zusammenarbeit mit den niedergelassenen Ärzten, die in ihrer Praxis Methadon verordneten, führte eine gemeinsame Weiterbildung und Kolloquien durch. Auch in anderen Schweizer Städten wurden ähnliche private und öffentliche Institutionen aufgebaut, und man pflegte untereinander einen intensiven Austausch, um die Erfahrungen zu bündeln. Im Kanton Zürich wurde schliesslich 1996 die Verordnung der Methadonsubstitution revidiert und die tiefschwellige Be-

» *Die niederschwellige Methadonsubstitution setzt sich durch*

handlung damit legalisiert. Zurzeit beschäftigt die Arud Zürich rund hundert MitarbeiterInnen, betreibt eine Geschäftsstelle und vier medizinische Polikliniken, in denen rund tausend Drogensüchtige betreut werden.
Ab 1994 waren in der Schweiz 14 000 DrogenbenützerInnen, ab 2000 über 17 000 in einer methadongestützten Behandlung, das heisst mehr als die Hälfte der zu jenem Zeitpunkt auf 30 000 geschätzten intravenös injizierenden BenützerInnen illegaler Drogen. Rund zwei Drittel wurden von niedergelassenen Ärzten und ein Drittel durch Institutionen betreut. Es konnte gezeigt werden, dass Methadon bei vielen Drogenbenützern eine Teil-, oft auch eine Vollsozialisierung erlaubte und dass die individuelle Drogenkriminalität eindeutig zurückging. Für rund ein Drittel der DrogenbenützerInnen erwies sich die Behandlung als ungeeignet oder es konnte keine befriedigende Wirkung erzielt werden, insbesondere bei Schwerstsüchtigen.

HEROINGESTÜTZTE BEHANDLUNG

Man kann sich vorstellen, dass es sehr viel brauchte, um Parlamente, Exekutiven und die Bevölkerung davon zu überzeugen, dass es sinnvoll sei, Schwerstdrogensüchtige mit Heroin zu behandeln, mit demselben Mittel also, welches die Sucht hervorgebracht hatte. Die Sachlage war wie anfänglich bezüglich des Methadons komplex, da der Bund gesetzliche Vorgaben machte und Weisungen erliess, aber die Kantone und auch viele Städte eine eigene Drogenpolitik verfolgten. Es kann hier nur um eine kursorische Beschreibung der Punkte gehen, die zur akzeptierten heroingestützten Behandlung führten.
Schon 1986 wurde im 1977 gegründeten Verein der Schweizerischen Drogenfachleute (VSD) die Heroinverschreibung diskutiert[42] und von André Seidenberg auch öffentlich verlangt. Verschiedene Seiten stellten entsprechende Anfragen, Anträge und Gesuche an den Bund oder einzelne Kantone.
1990: Die eidgenössische Subkommission Drogen liess alle Daten früherer und laufender Morphin- und Heroinverschreibungen analysieren.[43] Die Schlussfolgerung war, dass sich die heroingestützte Behandlung lohnen könnte, dies aber durch sorgfältige Forschungsprojekte abzuklären sei.
Januar 1991: Eine Gruppe des VSD schlug einen Versuch von Heroinsubstitution vor.
Februar 1991: Ein Bundesratsbeschluss zur Verminderung der Drogenprobleme formulierte eine neue Drogenpolitik, die der Vier-Säulen-Strategie

schon nahekam, die wissenschaftliche Studien zur Erprobung der Heroinsubstitution nicht nannte und somit auch nicht ausschloss.
Juli 1991: Die akademische Kommission der Universität Bern lud zu einem ersten Treffen über Heroinverschreibung und im Oktober zu einer nationalen Drogenkonferenz ein.
November 1992: Die bundesrätliche Verordnung über die Förderung der wissenschaftlichen Begleitforschung zur Drogenprävention und Verbesserung der Lebensbedingungen Drogenabhängiger erwähnte explizit die Heroinverschreibung.
1993: Prof. Uchtenhagen, Prof. Gutzwiller und Dr. Dobler-Mikola erhielten den Auftrag zur Erstellung eines Gesamtversuchsplanes unter Berücksichtigung der eingegangenen Projekte, dies unter dem Namen «Prove». Der Bundesrat genehmigte den resultierenden Antrag Uchtenhagen.
1994: Beginn der Prove-Studien (auf drei Jahre und zahlenmässig beschränkt), mit dem Ziel, optimale Verabreichungsarten von Heroin und Morphin zu finden. Es wurden auch mit Morphin angereicherte Waldmeister-Zigaretten («Sugaretten») getestet.
1994/95: Auf Grund erster Erfahrungen wurden diverse Anpassungen des Versuchsplans vorgenommen, wenig Erfolg versprechende Verabreichungen abgebrochen, andere gefördert.
1996: Abschluss der Prove-Studien: Insgesamt hatten 1146 PatientenInnen teilgenommen, welche an achtzehn Behandlungsstellen in fünfzehn Schweizer Städten mit Heroin behandelt worden waren. In Zürich wurden die Studien in den Heroinpolikliniken Zokl 2 der Arud, Crossline und Lifeline des Sozialdepartements durchgeführt.
1995/96: Die Analyse und Gesamtbeurteilung des Prove-Projekts fand unter der Leitung von Prof. Uchtenhagen im 1994 von ihm gegründeten und der Universität Zürich angeschlossenen Institut für Suchtforschung statt, begleitet von einer internen Arbeitsgruppe des Bundesamtes für Gesundheit und einer externen «safety assurance group» der Weltgesundheitsorganisation.
Ein Zwischen- und ein Schlussbericht zeigten folgende Ergebnisse: Die heroingestützte Behandlung bei schwerstsüchtigen Personen bewirkte eine Abnahme der Kriminalität, bessere Überlebenschancen, eine Reduktion der Infektionsansteckungen sowie eine generelle Verbesserung der psychischen und physischen Gesundheit. Diese Berichte und Publikationen in angesehenen Fachzeitschriften fanden im In- und Ausland grosse Beachtung, weil die Schweiz weltweit das erste Land war, in dem eine staatlich tolerierte Substitutionsbehandlung mit Heroin im grossen Stil ermöglicht worden war.

Da die Prove-Projekte numerisch und zeitlich limitiert waren und immer wieder neue Verordnungen und sogar Volksabstimmungen erforderten, kam es zu Unterbrechungen in der Aufnahme neuer Patienten. Unter dem immer noch geltenden Betäubungsmittelgesetz von 1975 konnten heroingestützte Behandlungen nur dank dringlichen Bundesratsbeschlüssen fortgesetzt werden. 1997 wurden diese Behandlungsmethoden durch eine bundesrätliche Verordnung vom Studienbetrieb zu einer besser etablierten Behandlung erhoben. Eine weitere schweizerische Behandlungsphase mit Begleitforschung fand 1998/99 statt.

Mit der Revision des Betäubungsmittelgesetzes 2008 erlangte die heroingestützte Therapie den Status einer Routinebehandlung, aber nur in spezialisierten Zentren. Heute werden in 23 Zentren, davon zwei in Strafanstalten, rund 1300 DrogenbenützerInnen mit Heroin intravenös oder mit Tabletten behandelt. Zurzeit besteht ein über die ganze Schweiz verteiltes Netz von 52 Substitutionszentren, in denen Methadon, teilweise auch Heroin abgegeben wird.[44] Methadongestützte Behandlungen können auch niedergelassene Ärzte durchführen, unter bestimmten Bedingungen auch Apotheken. Diese Weichenstellung im Umgang mit Schwerstsüchtigen war allerdings von harten politischen Auseinandersetzungen begleitet.[45]

Der Teilerfolg erwies sich als zweischneidiges Schwert: Dank den methadongestützten (über 17 000 Personen) und den heroingestützten Therapien (1000–1300 Personen), aber auch dank Prävention und Überlebenshilfe sowie vermehrten Kontrollen der Polizei trat eine generelle Beruhigung der Drogensituation ein. Insbesondere dank der spürbaren Abnahme der Kriminalität und dem Verschwinden von Ansammlungen verelendeter Süchtiger auf der Strasse verlor die Drogenproblematik in der breiten Öffentlichkeit an Bedeutung. Politisch allerdings kam wenig Ruhe auf: Die eine Seite wollte den Umgang mit Drogen weiter liberalisieren (Entkriminalisierung des Konsums illegaler Drogen), die andere die Öffnung wieder eindämmen.

» *Das Drogenproblem verliert seinen Rang unter den Sorgen der Bevölkerung*

SPRITZENABGABE UND SUBSTITUTIONSBEHANDLUNGEN IN GEFÄNGNISSEN

Ein namhafter Anteil von Gefängnisinsassen in der Schweiz war wegen Drogendelikten verschiedener Art verurteilt worden, darunter befanden sich viele DrogenkonsumentInnen. Dass auch im Gefängnis illegale Drogen intravenös konsumiert würden, wollte die Öffentlichkeit nicht akzeptieren. In der Realität war dies aber nicht zu verhindern. Die Gefängnisse befanden sich in einem ähnlichen Dilemma wie die Polizei. Sie waren praktisch immer noch an die 1975er Gesetzgebung gebunden. (Man führte auch erzwungene Drogenentzüge durch.) Es durfte deshalb auch nicht sein, dass saubere Spritzen abgegeben wurden, auch aus Sicherheitsgründen wegen des Personals. Dagegen waren 1996 in den meisten Gefängnissen der Schweiz Desinfektionsmittel für gebrauchte Spritzen erhältlich (meist unter der Bezeichnung «Sanitary box» mit Gebrauchsanleitung und drei Kondomen). Einige Gefängnisdirektoren wehrten sich gegen diese «Ersatzstrategie». So wurden 1993 in Oberschöngrün, 1994 in Hindelbank und 1996 in Realta Pilotversuche mit der Abgabe steriler Spritzen und Nadeln durchgeführt. Später kamen viele andere Gefängnisse hinzu.

» *Vorerst ein Pièce de résistance*

Substitutionsbehandlungen in Gefängnissen: 1993 publizierte das Bundesamt für Gesundheit Richtlinien für die Behandlung inhaftierter Drogenabhängiger. 1996 wurden bereits in 74 Prozent aller Gefängnisse Methadonbehandlungen durchgeführt, und es gab Aids- und Hepatitisberatung mit Testmöglichkeiten. Neben der Methadonsubstitution wird heute in zwei Strafanstalten auch die Heroinsubstitution durchgeführt.

3. BILANZ DER HOFFNUNG, ERREICHTE ZIELE

Viele Ziele im Umgang mit Drogensüchtigen wurden bis heute erreicht, zumeist nicht auf einzelnen Massnahmen beruhend, sondern dank deren Summe. Die Teilerfolge sind gesamtschweizerischen Bemühungen zu verdanken, das Vier-Säulen-Prinzip zur Schadensbegrenzung des Konsums illegaler Drogen durchzusetzen. Wichtige Massnahmen waren der Spritzen- und Nadelumtausch, die Impfung gegen Hepatitis B, später auch gegen Hepatitis A, die methadon- und heroingestützte Substitutionsbehandlung mit ärztlicher Überwachung, die medikamentöse Therapie der chronischen Hepatitis B und C (unter anderem mit Interferon, Ribavirin) sowie der HIV-Infektion (mit einer Kombination verschiedener antiviraler Substanzen), die Verstärkung der Einrichtungen der Lebens- und Überlebenshilfe, Informationskampagnen in der Öffentlichkeit und in Schulen und eine Verstärkung der Polizeikontrollen.

WENIGER GASSENELEND

Grosse Ansammlungen von Drogensüchtigen gibt es seit 1995 kaum mehr. Zwar sieht man gelegentlich noch verwahrloste Fixer, kann aber die Gewissheit haben, dass irgendwo für sie gesorgt wird. Die Drogensüchtigen werden nicht mehr wie früher einfach herumgetrieben und ausgestossen. Viele, auch dezentrale Hilfsinstitutionen kümmern sich um sie. Ein immer grösserer Teil der Bevölkerung zeigt Verständnis, realisiert, dass sie Mitverantwortung trägt. Dies ist eine wesentliche und grundsätzliche Veränderung im bewussten Umgang mit Drogen und Sucht.

WENIGER DROGENTODESFÄLLE

Die Zahl der jährlichen Todesfälle bei DrogenbenützerInnen stieg in der Schweiz seit 1980 ununterbrochen an und hatte 1991–1994 die Zahl von 350–419 erreicht (Grafik 4). Diese Entwicklung stand nicht allein im Zusammenhang mit der Drogenszene in Zürich, sondern reflektierte vielmehr die stetige Zunahme der Zahl der DrogenbenützerInnen in der ganzen Schweiz, die bis 1994 auf zirka 30 000 angestiegen war. Sie reflektiert zudem die immer gefährlichere Anwendung von illegalen Drogen (Cocktails). Dann begannen die Präventionsmassnahmen zu greifen, die Zahl der Todesfälle ging langsam zurück. Die Darstellung macht deutlich, dass das Drogenpro-

Grafik 4: Drogentote in der Schweiz 1976–2006

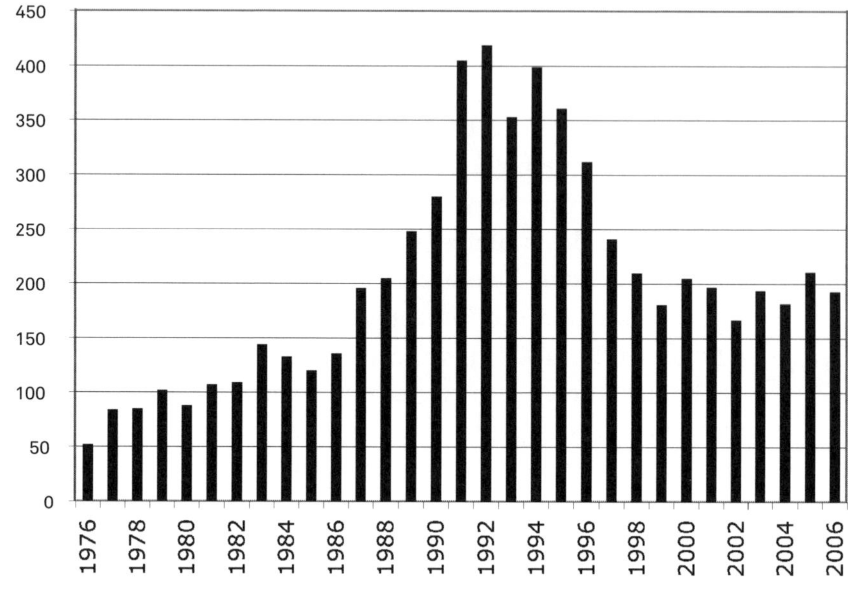

Polizeistatistik, Eidgenössisches Amt für Statistik.

blem noch keineswegs gelöst ist. Zwar ist die Spitze gebrochen, das erreichte Niveau bleibt aber immer noch erschreckend hoch.

WENIGER VIRALE INFEKTIONEN

Das Hauptziel von Zipp-Aids auf dem Platzspitz war es, die Zahl der Infektionen mit den «blutübertragenen» Hepatitisviren B und C und HIV durch Abgabe von sterilem Injektionsmaterial zu reduzieren. Von 1989 bis 1991 waren im «Needle-Park» über sieben Millionen Spritzen-und-Nadel-Sets abgegeben worden; ein Tropfen auf den heissen Stein, was die Schweiz anbetraf beziehungsweise was eine flächendeckende Prävention erfordert hätte. Erst in den Jahren nach der Platzspitzschliessung folgte die übrige Schweiz dem Beispiel Zürichs, die Westschweiz nur zögernd. Ohne Zweifel waren bereits durch Zipp-Aids viele HIV-Infektionen verhindert worden. Mit den gesamtschweizerischen Anstrengungen begann sich dies statistisch auszuwirken, wobei auch die erwähnten anderen und neue Schritte zu einem Rückgang der Infektionen führten.

» *Ein Drogensüchtiger, der zudem an einer schweren Krankheit leidet, hat es noch schwerer, zurückzufinden*

ZWISCHENBEMERKUNG ZU ANTIVIRALEN THERAPIEN

Zu den bereits getroffenen Massnahmen kamen ab 1990 Möglichkeiten der medikamentösen antiviralen Behandlung der chronischen Hepatitis B und C und der Infektion mit HIV hinzu. Von diesen Behandlungen waren aber Drogensüchtige vorerst weitgehend ausgeschlossen, da man nicht wusste, ob eine Substitutionsbehandlung mit Methadon oder Heroin – eine Voraussetzung, um die Sucht kontrollieren zu können – eine zusätzliche antivirale Therapie erlaube, ob diese wirksam sei und ob Drogensüchtige genügend Disziplin hätten, die anspruchsvolle Behandlung durchzustehen. Medizinalisierte Drogeninstitutionen mit gut kontrollierter Patientenbetreuung trugen viel dazu bei, dass man Erfahrungen sammeln konnte.[46] Die Erfahrungen im HIV-Bereich waren durchaus positiv. Viele HIV-infizierte DrogenbenützerInnen stehen denn auch heute neben einer Substitutions- auch in einer erfolgreichen antiviralen Behandlung. Weitere Therapiestudien im Hepatitisbereich sind noch im Gange.

RÜCKGANG DER HIV-INFEKTIONEN

Bis 1992 waren gesamthaft 26 402 HIV-infizierte Personen bekannt, ein grosser Teil hatte sich in den Jahren davor angesteckt, als die jährliche Zahl der Neuinfektionen von zwanzig (1980) auf über 1500 (1991) angestiegen war (Grafik 5). Während der Platzspitzzeit wurde der Anstieg gestoppt, und die jährlichen Neuinfektionen gingen von 1992 bis 1998 stetig zurück. Sie erreichten zwischen 1998 und 2001 mit 580–631 registrierten Fällen ein tiefes Niveau, um dann wieder etwas anzusteigen. Der dramatische Rückgang der HIV-Infektionen war vor allem durch die stetig verminderten Zahlen von Neuinfektionen bei DrogenbenützerInnen zustande gekommen, ein Phänomen, welches mit Zipp-Aids 1989 begonnen hatte. 1989 betrug der Anteil Drogensüchtiger an allen Neuinfektionen noch über 40 Prozent, 2002 noch 12 Prozent.

Die Gesamtzahl der Neuinfektionen blieb nach 2002 konstant (2002–2008 zwischen 722 und 792). Gesamthaft waren bis Ende 2008 30 920 HIV-Infektionen registriert. Daran hatten die intravenös injizierenden DrogenbenützerInnen einen Anteil von 11,8 Prozent im Jahr 2002, 8,3 Prozent 2006 und nur noch 3,7 Prozent 2008, eine ausserordentliche Entwicklung.

EIDGENÖSSISCHE INSTITUTIONEN: Neben den bereits erwähnten Massnahmen, die wesentlich zu diesem Rückgang beitrugen, müssen noch die

Aktivitäten von drei eidgenössischen Institutionen speziell hervorgehoben werden (der damalige Direktor des Bundesamts für Gesundheit, Beat Roos, Vizepräsident Bertino Somaini und Roos' Nachfolger Thomas Zeltener spielten für behördliche Schritte eine wesentliche Rolle und unterstützten auch viele private Initiativen):
AIDS-INFO-DOKU: 1983 leitete das Bundesamt für Gesundheit die Stiftung Aids-Info-Doku in die Wege, um alle bereits gewonnenen und neuen Erkenntnisse zu sammeln und öffentlich zu machen. Dies half viel, oft irrigen Ansichten durch objektive Information entgegenzutreten. Die Stiftung hatte 2003 ihre wichtigsten Aufgaben erfüllt und wurde aufgelöst.
Aids-Hilfe Schweiz: Diese 1985 gegründete und vom Bund subventionierte Organisation vertritt die Interessen der Betroffenen, bekämpft deren gesellschaftliche Diskriminierung, bemüht sich um Zielgruppen mit erhöhtem Risiko und sensibilisiert die Bevölkerung. Die Aids-Hilfe Schweiz ist ein nationaler Dachverband; sie betreibt eine Geschäftsstelle und umfasst 21 kantonale beziehungsweise regionale Fachstellen sowie 37 weitere im Aids-Bereich tätige Organisationen.
SCHWEIZERISCHE HIV-KOHORTE: Fast einmalig in Europa, taten sich bereits 1988 alle grösseren Spitalzentren der Schweiz beziehungsweise deren Abteilungen für Infektionskrankheiten, die Aids-Kranke betreuten, zusammen, legten Behandlungsabläufe fest und führten grosse wissenschaftliche Therapiestudien durch. Die HIV-Kohorte gehört zu den grössten medizinischen Projekten des Schweizerischen Nationalfonds und geniesst weltweite Beachtung.

RÜCKGANG DER HEPATITIS-B-VIRUSINFEKTIONEN

Ein ähnliches Bild wie für HIV ergab sich bezüglich der akuten Hepatitis B, nur zeitlich etwas verzögert. 1989–1994 gab es jährlich noch 400–500 Krankheitsfälle. Dann sanken die Zahlen, erreichten 2001 etwas über hundert Erkrankungen (Grafik 6). 2006 wurden noch 71 Patienten mit akuter Hepatitis B registriert.[47] 2008 waren es noch 49 Patienten. Wie bezüglich HIV waren bei der Hepatitis B die DrogenbenützerInnen für den Rückgang der jährlichen Neuinfektionen hauptverantwortlich. Lag ihr Anteil 1994 noch bei gegen 50 Prozent, sank dieser bis 2002 auf 15 Prozent und fiel 2008 unter die Zehn-Prozent-Grenze.
Die Zahlen von Neuinfektionen werden in Zukunft noch weiter zurückgehen und damit auch die Zahlen von akuter Hepatitis B. Die chronische He-

Grafik 5: Geschätzte Zahl neu diagnostizierter HIV-Infektionen in der Schweiz, Aufteilung nach Risikogruppen) (Bulletin des Bundesamtes für Gesundheit, Sonderbeilage Infektionskrankheiten, 2002)

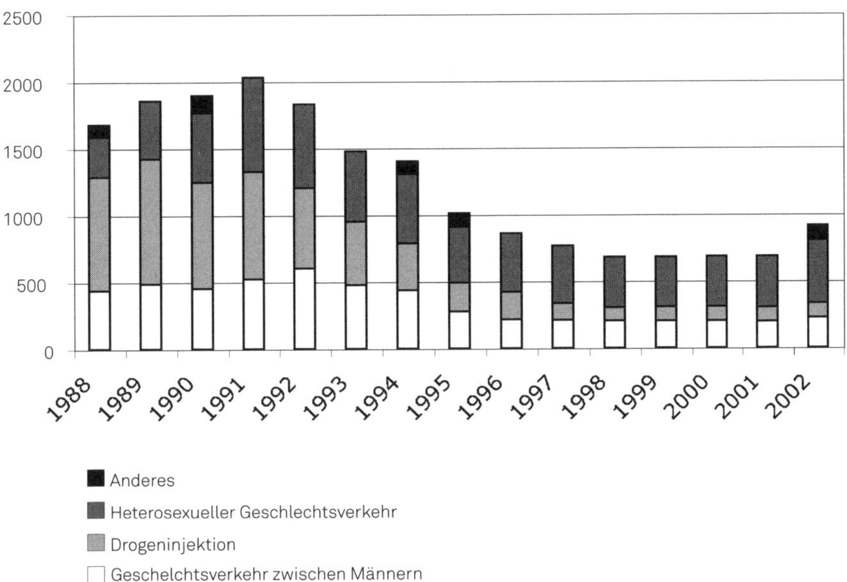

patitis wird allerdings ein Problem bleiben, da deren klinische Folgen erst nach Jahren auftreten können. Wesentlich für den weiteren Rückgang der Infektionen wird neben der Impfung von Hochrisikopersonen die generelle Hepatitis-B-Impfung sein, die seit 1998 in der Schweiz für alle Vierzehn- bis Sechzehnjährigen empfohlen, von den Krankenkassen übernommen wird und sich stetig mehr durchsetzt. In zehn bis zwanzig Jahren wird die Hepatitis-B-Virusinfektion der Vergangenheit angehören.

HEPATITIS-C-VIRUSINFEKTIONEN

Eine grosse Herausforderung stellt die Hepatitis-C-Virusinfektion dar. Sie führt selten zu einer akuten Erkrankung, bleibt aber meist chronisch und kann unbehandelt innert fünfzehn bis 25 Jahren zur Leberzirrhose führen. Immer noch sind Tausende (40–50 Prozent) der damaligen Süchtigen, die gebrauchte Spritzen und Nadeln benützten, infiziert und sollten beraten und allenfalls antiviral behandelt werden. 2004 waren noch 1715 Neuinfektionen registriert worden, 2006 noch 1359, 2008 weniger als tausend. Der

Grafik 6: Meldungen akuter Hepatitis B (Arzt und Labor), Fallzahlen nach wichtigen Risikogruppen1988–2002

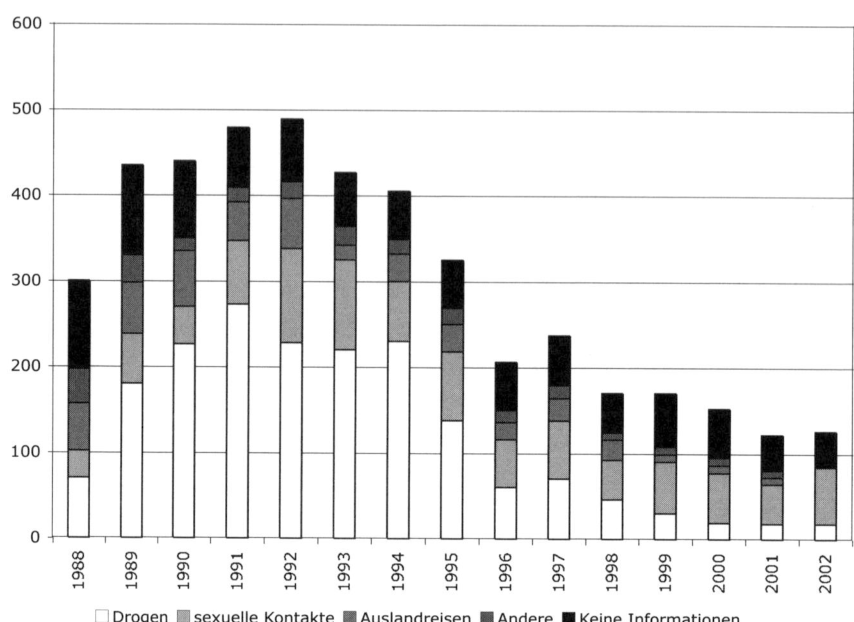

Anteil von intravenös injizierenden DrogenbenützerInnen an allen Infektionen mit dem Hepatitis-C-Virus lag noch höher als bei HIV und der Hepatitis B, da dieses Virus vorwiegend durch infiziertes Injektionsmaterial übertragen wird. Würden keine unreinen Spritzen und Nadeln mehr gebraucht und könnte die Behandlung optimiert werden, würde das Hepatitisproblem weitgehend verschwinden.

Auch diesbezüglich traf man nach der Einführung eines gross angelegten Spritzen- und Nadelumtausches ab 1989 in Zürich und ab 1992 in der ganzen Schweiz weitere Massnahmen: 1998 war eine schweizerische Hepatitis-C-Kohorte gegründet worden, die ebenfalls vom Schweizerischen Nationalfonds getragen wird und landesweit die therapeutischen Anstrengungen bündelt; 2000 lancierte der Kanton Zürich eine breite Hepatitis-C-Aufklärungskampagne, die später vom Bundesamt für Gesundheit übernommen wurde. Die Arud Zürich gehörte zu den Initiatoren, begann schon früh DrogenbenützerInnen zu sensibilisieren und auf Studienbasis zu behandeln.

4. LANGSAMES AUSLAUFEN DER HEROINWELLE – NEUE HERAUSFORDERUNGEN

Im Rahmen der Durchsetzung des Vier-Säulen-Prinzips wurden ab 1994 die Polizeikontrollen massiv verstärkt. Auch wenn Zahlen aus der schweizerischen Polizeistatistik nur einen Teilaspekt des Drogenproblems widerspiegeln, zeigen sie doch, dass das Drogenproblem keineswegs aus der Welt geschafft ist.

Tabelle 18: In der Schweiz verzeigte Drogenbesitzer und sichergestellte Drogen 1975–2005

	Anzeigen	Kokain kg	Heroin kg	Cannabis kg	LSD Dosen	Ecstasy Dosen
1975	5 725	3,2	22,8	398,8	9 213	–
1980	8 181	14,0	16,9	97,5	3 698	–
1985	15 361	97,9	56,3	829,4	2 327	–
1990	18 880	339,3	186,2	515,9	2 207	319
1995	42 001	282,0	212,6	809,1	3 598	46 467
2000	46 558	207,4	372,0	19 581,3	15 525	189 565
2005	49 450	282,6	256,3	4 899,8	392	202 326

Auszug aus der eidgenössischen Drogenstatistik 1975–2005.

Die von der Polizei beschlagnahmten illegalen Drogen repräsentieren nur wenige Prozente der wirklichen Menge konsumierter illegaler Suchtmittel; es zeigen sich darin eher die polizeilichen Anstrengungen als die Konsumentwicklung. Diesbezüglich war man auf fundierte Schätzungen angewiesen. Aus einer sorgfältigen Studie ging hervor, dass sich die Zahl von Neueinsteigern zu verringern begann. Hatte man 1990 im Kanton Zürich noch mit jährlich 850 Neueinsteigern auf Heroin gerechnet, waren es 2002 noch geschätzte 150. Diese Tendenz zeigte sich auch in Feststellungen, dass Süchtige, die sich zu einer Behandlung meldeten, zunehmend älter wurden. Anders verlief die Entwicklung beim Kokain, das weiter namhafte Zahlen von Neueinsteigern verursachte.

NEUE DROGEN – NEUER BENÜTZERKREIS

Ab 1990 tauchten neue Drogen auf, darunter Ecstasy und viele andere Designerdrogen, wenn auch noch diskret. Mit dem langsamen «Auslaufen» der Heroinwelle rückten diese neuen Drogen zunehmend in den Vordergrund und wurden ab 2000 immer mehr in der grossen Partywelt Zürichs konsumiert. Der Drogenhandel nahm andere Formen an, nicht zuletzt dank dem Mobiltelefon. Jede Art von Drogen kann damit diskret bestellt und bezogen werden. Auch auf der Gasse kamen neue Formen von Drogendeal auf. Die bewährten Stellen der ambulanten Drogenhilfe und viele andere bleiben bis heute bestehen, betreuen Hunderte von DrogenbenützerInnen, haben aber ihre Aktivitäten angepasst. Es mussten zusätzliche, neue Formen der Drogenprävention gefunden werden:
– Pillentesting für Designerdrogen an Ort. Dieses wurde im Rahmen der städtischen Gassenarbeit, die bereits 1993 begonnen hatte, weiter lanciert, vor allem auch in der Partyszene.
– Frauenspezifische Betreuung: Die Leidensgeschichte hatte schon 1998 mit dem Lila-Bus begonnen, welcher in der Bevölkerung umstritten war und geschlossen wurde. Dafür wurde dann die Kontakt- und Anlaufstelle Selnau wenigstens nachts allein Frauen zugänglich gemacht.
– SIP-Züri (Sicherheit, Intervention, Prävention): Diese Einrichtung kombiniert aufsuchende Sozialarbeit mit ordnungsdienstlichen Aufgaben, um Konflikte in öffentlichen Anlagen zu schlichten. Sie ist auch Anlaufstelle für Anliegen, Ideen, Beschwerden der Bevölkerung.
– Arud baute die Poliklinik Gain auf, eine Beratungsstelle, die sich auf alle klassischen und neuen Drogen spezialisierte.
– Die städtische Gassenarbeit und Arud eröffneten in zentraler Lage das Drogeninformationszentrum Zürich (DIZ).
– Die Ausbreitung der HIV-Infektion ging nach 2005 nicht mehr wie zuvor zurück, sie stieg sogar wieder leicht an, insbesondere bei Homosexuellen. Der Anteil von betroffenen DrogenbenützerInnen sank aber weiter. Es kam zur Gründung des «Checkpoint Zürich», eine Beratungs- und Behandlungskooperation der Aids-Hilfe Zürich und des Gain der Arud Zürich.

» *Die Stadt Zürich konsolidierte die Suchtprävention und Gesundheitsförderung*

Es waren auch politische Aktivitäten, die in Zürich zur Gründung neuer Institutionen der Drogenprävention und -hilfe geführt hatten: Am 24. September 1997 wurde im Gemeinderat eine Motion zum Ausbau der Suchtprävention in der Stadt Zürich eingereicht. Es sollten die Drogenprävention und die Gesundheitsförderung in der Schule nachhaltig gefördert werden. Die Motion wurde angenommen, in der Folge weitgehend umgesetzt.[48] 2008 erschien ein städtischer «Monitoringbericht Drogen und Sucht». Das breite und differenzierte Angebot der Drogenhilfe von städtischen und privaten Stellen wurde dargelegt und es wurde bestätigt, dass die Themen «Sucht und Drogen» in der Wahrnehmung der Bevölkerung in den Hintergrund gerückt sind.[49]

ANNAHME DES REVIDIERTEN BETÄUBUNGSMITTELGESETZES (VIER-SÄULEN-PRINZIP)

Als 1968 auch die Schweiz von der Drogenepidemie erfasst wurde, herrschte Bestürzung, Verunsicherung und Abwehrstimmung. Das Resultat war die Revision des Betäubungsmittelgesetzes von 1975, mit der man die Gefahr abzuwenden hoffte und in der man Repression als Lösung des Problems sah. Die Epidemie stieg aber ungebrochen an. Man begann langsam an der Repression als Allheilmittel zu zweifeln. Dies fand seinen Niederschlag in zahlreichen parlamentarischen Vorstössen. Die Tabelle 19 deckt beispielhaft zehn der gut dreissig Jahre zwischen den Revisionen des Betäubungsmittelgesetzes von 1975 und 2008 ab.

In den restlichen 23 Jahren waren die parlamentarischen Aktivitäten nicht kleiner, es fanden sich aber keine genauen Zusammenstellungen. Es dürfte sich in der ganzen Schweiz um mehrere hundert parlamentarische Geschäfte zur Drogenproblematik gehandelt haben. Hervorgehoben seien drei Volksabstimmungen auf eidgenössischer Ebene, die von grosser Bedeutung waren:

Tabelle 19: Politische Aktivitäten zum Drogenthema in ausgewählten Parlamenten, 1991–2000

	Interpellationen	Postulate	Motionen	Berichte	Petitionen	Exekutivbeschlüsse
Bern	12	11	13	3	1	47
Biel	8	2	1	1	–	45
Köniz	4	3	2	4	–	9
Zürich	11	14	2	3	1	?
Winterthur	15	5	4	7	–	4
Graubünden	5	6	–	1	–	4

– Initiative «Jugend ohne Drogen»: Ein überparteiliches Komitee hatte diese eidgenössische Volksinitiative lanciert, die zum Ziel hatte, die Öffnung der Drogenpolitik wieder rückgängig zu machen. Die Initiative wurde am 28. September 1997 mit 70 Prozent Neinstimmen abgelehnt.

– Initiative «für eine vernünftige Drogenpolitik»: Es ging um eine weitere Öffnung der Drogenpolitik hin zu einer Entkriminalisierung des Drogenkonsums. Die Initiative stiess am 29. November 1998 mit 74 Prozent Neinstimmen auf Ablehnung.

Diese Abstimmungsresultate machten deutlich, dass man nach einer «Mittellösung» suchte. Bis diese gefunden war, vergingen weitere zehn Jahre.

– Revision des Betäubungsmittelgesetzes von 2008: Nach mehreren Vernehmlassungen zur Revision des Betäubungsmittelgesetzes kam die Vorlage 2008 zur Volksabstimmung. Die Revision wurde am 30. November mit 68 Prozent Jastimmen angenommen (Stadt Zürich 75 Prozent). Das revidierte Gesetz schrieb das Vier-Säulen-Prinzip fest: Prävention, Therapie, Schadensbegrenzung, Repression. Eine jahrelange Auseinandersetzung hatte damit gesetzlich ein Ende gefunden.

Am Schluss dieser Chronik soll der lange Weg von der Repression zur Vier-Säulen-Strategie rekapituliert werden.

MEILENSTEINE IN DER DROGENBEKÄMPFUNG, MIT SPEZIELLER BERÜCKSICHTIGUNG ZÜRICHS

» *Auf Umwegen zu einer hoffnungsvollen Lösung, dem revidierten Betäubungsmittelgesetz*

1975 wurde das eidgenössische Betäubungsmittelgesetz von 1951 revidiert, neu wurden Besitz und Konsum illegaler Drogen unter Strafe gestellt. Es wurde auch eine externe, behördliche Bewilligungspflicht für Ärzte bezüglich der Abgabe von Opiaten (inklusive Methadon) an jeden einzelnen Patienten eingeführt, wobei der Vollzug den Kantonen überlassen wurde, was in der Praxis zu grossen Unterschieden führte.

1979 machte Moritz Leuenberger, damals Zürcher Nationalrat, erfolglos einen parlamentarischen Vorstoss für Straffreiheit für Heroinsüchtige und für weniger strenge Bedingungen zur Abgabe von Substitutionssubstanzen, vor allem von Methadon.

1983 wurde auf Grund eines ersten Berichtes der eidgenössischen Betäubungsmittelkommission die Restriktion der Abgabe von Opiaten durch Ärzte von 1975 etwas gemildert, vereinheitlicht, blieb aber hochschwellig

und erforderte nach wie vor für jeden Patienten eine behördliche Bewilligung (in Zürich durch den Kantonsarzt).
Ab 1984 setzte sich der Zürcher Arzt André Seidenberg in Fachkreisen, Politik und Öffentlichkeit für eine Öffnung der restriktiven Abgabe von Heroinersatzdrogen und für die hausärztliche Abgabe von Substitutionsprodukten für Drogensüchtige ein.
1988–1992 ermöglichten Bund, Stadt und Kanton Zürich auf Grund einer differenzierteren Auslegung des teilweise widersprüchlichen Epidemiengesetzes und des Gesetzes für das Gesundheitswesen das Zipp-Aids-Pilotprojekt.
1989 wurde die hochschwellige Abgabebestimmung für Opiate (inklusive Methadon) auf Grund eines zweiten Berichtes der eidgenössischen Betäubungsmittelkommission gelockert. Niedergelassene Ärzte durften nun Methadon ohne externe Bewilligung abgeben beziehungsweise methadongestützte Behandlung durchführen.
1989 machte die damalige Vorsteherin des Zürcher Sozialdepartements Emilie Lieberherr einen erfolglosen Vorstoss vor dem Zürcher Parlament, der fast identisch mit Moritz Leuenbergers Bemühen von 1979 war.
1991 formulierte der Bundesrat auf Grund der Empfehlung der eidgenössischen Subkommission Drogenfragen von 1988/89 in Grundzügen das Vier-Säulen-Prinzip: Prävention (Verhinderung des Einstiegs), Therapie (Behandlung und Reintegration), Schadensverminderung (Risikoverminderung und Überlebenshilfe), Repression und Kontrolle.
1993 bewilligte der Bundesrat ein auf drei Jahre beschränktes Projekt zur ärztlich kontrollierten Verschreibung von Betäubungsmitteln einschliesslich Heroin (Prove), welches 1994–1996 durchgeführt wurde.
1996 befürwortete das Zürcher Stimmvolk mit 63 Prozent Zustimmung die Weiterführung der heroingestützten Behandlung.
1997 erlaubte die bundesrätliche Verordnung über die Förderung der wissenschaftlichen Begleitforschung zur Drogenprävention und Verbesserung der Lebensbedingungen Drogenabhängiger, dass weitere Patienten mit Heroin behandelt werden konnten.
1997 wurde die Initiative «Jugend ohne Drogen» mit 70 Prozent Neinstimmen abgelehnt.
1998 wurde die Initiative «für eine vernünftige Drogenpolitik» mit 74 Prozent Neinstimmen abgelehnt.
1999 befürwortete das Schweizer Stimmvolk mit 54 Prozent die Weiterführung der heroingestützten Behandlung.
2001 legte der Bundesrat einen Entwurf zur Revision des Betäubungsmittel-

gesetzes vor, der die Straffreiheit des Konsums und des Besitzes von Drogen zum Eigengebrauch vorsah.
2004 trat der Nationalrat im Gegensatz zum Ständerat nicht auf den Revisionsentwurf des Bundesrates ein. Das Geschäft wurde aufgeschoben.
2004 befürwortete das Zürcher Stimmvolk die Weiterführung der heroingestützten Behandlung mit 75 Prozent Jastimmen.
2006 fand die vom Bundesrat vorgeschlagene Vier-Säulen-Strategie in einer stark «abgespeckten» Form im Parlament knappe Zustimmung. Die heroingestützte Therapie war stark umstritten, aber knapp akzeptiert.
2008 befürwortete das Schweizer Stimmvolk mit 68 Prozent (Stadt Zürich 75 Prozent) die Revision des Betäubungsmittelgesetzes und akzeptierte damit endgültig die Vier-Säulen-Strategie zur Schadensbegrenzung des Drogenproblems.

Man war einen weiten Weg gegangen. Zürich als grösste und am stärksten betroffene Stadt hatte dabei eine wichtige Rolle gespielt, nicht zuletzt wegen Zipp-Aids, welches eine erste, gross angelegte «Aufweichung» der fast ausschliesslich auf Repression beruhenden Strategie in der Drogenbekämpfung bewirkt hatte. Es war der Beginn des Vier-Säulen-Prinzips zur Bewältigung des Drogenproblems. Man ging nicht mehr davon aus, eine «drogenfreie Gesellschaft» zu erreichen. Seit Menschengedenken hatte es dies nie gegeben. Man unterstützte auch Massnahmen, die nicht nur die Drogenabstinenz zum Ziel hatten, und anerkannte, dass Drogensucht einer chronischen Krankheit mit schwerwiegenden sozialen Konsequenzen gleichkam. Die Sicherung des Lebens, die Verbesserung des Gesundheitszustandes, die soziale Stabilisierung und die Verbesserung der Lebensqualität der Drogensüchtigen bekamen zentrale Bedeutung. Eigentlich hat es zu lange gedauert, bis man dies erkannte und danach handelte. Das Resultat aber verdient gewürdigt zu werden.
Heute besitzt die Schweiz im internationalen Vergleich eine der fortschrittlichsten Drogengesetzgebungen und eines der dichtesten Netze der Drogenhilfe.

FAZIT: ZIPP-AIDS, EIN KLEINER, ABER WICHTIGER SCHRITT ZUR ÖFFNUNG

Der Platzspitz beziehungsweise der «Needle-Park» mit seiner Medizinalisierung der Drogenszene ist ein kleines, aber nicht unwesentliches Stück der neueren Drogengeschichte und -politik der Schweiz:

- Er zeigte der Öffentlichkeit in aller Deutlichkeit das soziale und medizinische Ausmass des Drogenschreckens. Er vermittelte ein realistisches Bild der grossen Diversität von Drogenkonsumenten und zeigte die grosse Gefährdung von DrogenbenützerInnen durch Hepatitis und Aids auf.
- Er zeigte die Möglichkeiten grosser präventivmedizinischer und medizinischer Hilfe ausserhalb fester Institutionen auf.
- Er zeigte Wege einer fruchtbaren Zusammenarbeit politischer, sozialer, medizinischer, öffentlicher und privater Institutionen und war ein Beispiel für das Engagement der Universität ausserhalb des akademischen «Glashauses».
- Der «Needle-Park» war nicht das einzige, aber ein wesentliches Signal für die Öffnung der Drogenpolitik, weg von reiner Repression, nicht nur in der Schweiz, sondern weltweit. Es wird wohl in der Schweiz nie mehr einen «Needle-Park» geben, weil Behörden, Politik und die Bevölkerung erkannt haben, dass es zur Eindämmung des Drogenproblems mehr als Repression braucht, um den betroffenen Menschen zu helfen.

Diese kleine Drogengeschichte Zürichs zwischen 1968 und 2008 versuchte die politischen Auseinandersetzungen nachzuzeichnen, die Sorgen der Bevölkerung aufzuzeigen und vor allem darzulegen, unter welchem Druck und Leiden die Süchtigen standen. Sie zeigt auch auf, dass wegweisende Pilotprojekte Bewegung in die Politik gebracht, diese versachlicht und langsam, aber stetig weg von der Repression hin zu einer differenzierteren Bekämpfung der Drogensucht geführt haben. Das Drogenproblem ist nicht gelöst, nur etwas eingedämmt. Es war und ist immer ein Ausdruck des Zeitgeistes. Es wird weitere Drogenepidemien geben, jeweils mit einem neuen Gesicht.

Was hier zu wenig gewürdigt und nur angedeutet wurde, waren die Hunderte von Helfern und Helferinnen, die in vielen Institutionen und in der ganzen Bevölkerung agierten, die im Stillen taten, was sie für richtig hielten, nicht mit grossen Worten, sondern mit tatkräftigem Einsatz. Ihnen sei hier gedankt. Man sollte in Zukunft mehr auf sie hören.

ANMERKUNGEN

1 Zum Beispiel Francois Truffaut, Jean-Paul Sartre, Jean-Luc Godard, Charly Chaplin, Daniel Cohn-Bendit, Michel Foucault.

2 Die Malerei (Joseph Beuys), die Literatur (Günter Grass, Heinrich Böll, Ingeborg Bachmann und andere), aber auch die Philosophie (Hans Magnus Enzensberger, Jürgen Habermas, Theodor W. Adorno und andere).

3 In Deutschland Attentat auf den Studentenführer Rudi Dutschke und die Ermordung von Benno Ohnesorg.

4 Die Gruppe Olten mit Max Frisch, Friedrich Dürrenmatt, Peter Bichsel, Adolf Muschg, Niklaus Meienberg – Hans Erni, Max Bill und andere Künstler.

5 Im Folgenden werden einige Ereignisse aus Zürich aufgeführt, die – zwar nicht allein ursächlich – schliesslich zur offenen Drogenszene auf dem Platzspitz führten.

6 Unterzeichner des Manifests waren unter vielen anderen dreizehn Professoren, je zehn Kantons- und Gemeinderäte, Redaktoren und Publizisten, Maler und Bildhauer, ein Bezirksrichter und zehn Rechtsanwälte, acht Schriftsteller (darunter Max Frisch), sechs Pfarrer (darunter Paul Frehner), je vier Ärzte und Lehrer.

7 «Sechs Tage Zürcher Manifest – nicht nur anklagen und fordern, sondern entwerfen und gestalten.»

8 Mobiles Strassenkino, Provisorien in einem besetzten Haus am Tessinerplatz, im geschlossenen Sexkino Walche und in einer Baracke auf dem Kasernenareal.

9 Kunsthaus, Liegenschaft Seilergraben; Gessnerallee, Liegenschaft Selnaustrasse; Limmatstrasse, später Verlegung auf den Platzspitz.

10 Kronenwiese, Gessnerallee, Zivilschutzbunker Obmannamtstrasse.

11 Die letzte, noch experimentelle Impfcharge war von der US-Regierung für ein Projekt in Florida vorgesehen gewesen, wurde aber aus Kostengründen gestoppt. Der Impfstoff erhielt darauf – nach einem strengen Auswahlverfahren – die Ausfuhrbewilligung für das Zürcher Projekt.

12 Bundesamt für Gesundheit, Schweizerische Expertengruppe für virale Hepatitis, SEVHEP, und eidgenössische Fachgruppe für Impffragen.

13 Es kann hier nicht um eine juristische Abhandlung, sondern nur um eine Darstellung der inhaltlichen Kontroversen gehen, die die medizinischen Fachleute immer wieder zu hören bekamen und aus den Medien erfuhren.

14 Zipp-Aids-Gründungsmitglieder und deren Aufgaben:
Ausschuss
Peter Grob, Leiter Abteilung klinische Immunologie, Departement Innere Medizin, Universitätsspital Zürich (Koordinator)
Werner Fuchs, Sozialpsychiatrischer Dienst, Psychiatrische Universitätsklinik (akademisches Personal, Medien, stellvertretender Koordinator)
Alfred Studer, Stadtärztlicher Dienst, Krankenzimmer für Obdachlose (akademisches Personal)
Lotti Pfister, Sektion Zürich des Schweizerischen Roten Kreuzes (Rekrutierung und Einsatz von Pflegepersonal, Materialbestellung, -kontrolle und -transport)
Rainer Hornung, Institut für Sozial- und Präventivmedizin (Dokumentation und Evaluation)
Erich Schönauer, Leiter Drogenhilfe des Stadtärztlichen Dienstes (Material, Hilfsdienste, Fahrzeuge)
Weitere Mitglieder (Verküpfung, Netzwerkbildung)
B. Hohl und Rosann Waldvogel, Sozialamt der Stadt Zürich,
A. Lanz, Kontakt und Anlaufstellen des Sozialamtes
M. Aeschbacher und S. Bernasconi, Vertreterinnen Bundesamt für Gesundheit
W. Fässler und D. Schneider, Drop-in Zürich

L. Jauslin und G. Blumer, Verein Drogenentzug und Drogenhilfe, Einsatz Gassenarbeiter
M. Oertli, Zürcher Aidshilfe
A. Eisenstein, Zürcher Aidsprojekte
A. Sobel, Aids-Pfarrer, Universitätsspital Zürich,
R. Staub, Aids-Delegierter des Kantons Zürich
R. Schönbächler, Vertreter der Polizei
Externe Berater
Ambros Uchtenhagen, Direktor Sozialpsychiatrischer Dienst der Psychiatrischen Universitätsklink, Vorsteher der Trägerinstitutionen von Zipp-Aids
Felix Gutzwiller, Direktor Institut für Sozial- und Präventivmedizin der Universität, Vorsteher der Trägerinstitutionen von Zipp-Aids
R. Lüthi, Leiter der Abteilung Infektionskrankheiten, Departement Innere Medizin, Universitätsspital Zürich
Zipp-Aids-Team auf dem Platzspitz
Leitung: Claude Bossy, operatives Ärzteteam (50–100 Prozent): U. Baradun, M. Dubler. E. Kohler, A. Kress, E. Kuster, S. Pokorni und A. Sidler
Schwestern, Pfleger: TeilzeitmitarbeiterInnen aus einem Pool von rund fünfzig Personen
Supervision und Weiterbildung des Ärzteteams: K. Kroner
Supervision und Weiterbildung des Pflegepersonals: R. Ziltener, Schweizerisches Rotes Kreuz

15 Freiwillige hatten vorher bereits das im Inneren vergammelte Kioskhaus geputzt und hätten fast eine Salmiakvergiftung bekommen.

16 50 000 Sets wurden einer medizinischen Hilfsorganisation in Bulgarien abgegeben, wo Aids stark aufgekommen war.

17 1989: 382, 1990: 376 und 1991: 228.

18 Laut Medienberichten waren auf dem Platzspitz 21 DrogenbenützerInnen an einer Überdosis gestorben; es wurde aber nicht angegeben, in welchem Zeitraum. Die Quelle für diese Zahl konnte nicht gefunden werden.

19 Barbara Stierlin und Madlen Fähndrich vom Zipp-Aids und Ruth Humbel vom Tagesraum für Obdachlose.

20 Koordination/Administration Infrastruktur: Teres Kofinas, Nicolas Bärlocher.

21 Flavio Micheli, Esther Freitag.

22 Radio 24 zum Beispiel sendete einen ganzen Tag lang über das Leben und Überleben von Drogenbenützern und über die Tätigkeiten von Zipp-Aids.

23 1990: 561 Befragungen, 1991: 485.

24 W. Fuchs, aus dem Schlussbericht des Zipp-Aids 1993 (Synopsis mehrerer Studien).

25 Deshalb ergeben sich in der untenstehenden Tabelle pro Kolonne über 100 Prozent.

26 Laborleiter Frau Dr. H. Joller-Jemelka und Dr. R. Dubs.

27 Zwischen 1988 und 1991 hatte es in Zürich unter den DrogenbenützerInnen zwei kleine epidemische Verdichtungen von Hepatitis A gegeben. Diese Kleinepidemien schwappten jeweils nach wenigen Wochen auch auf Luzern über.

28 Zu nennen sind Pfarrer Ernst Sieber, aber auch ganze Kirchgemeinden und viele andere religiöse Gruppen, wie die erwähnte «Best Hope» oder die Gassenarbeit der Franziskaner.

29 Populär wurde das Wort «Needle-Park» dank dem 1971 Film «The Panic in Needle Park» mit Al Pacino. Er basierte auf einem Roman von James Mills und handelte von einem Heroinsüchtigen, der an den Orten New Yorks herumstrolchte, wo sich die Süchtigen fanden, der zu überleben versuchte, alles umrahmt von einer Liebesgeschichte. Mit einem «Needle-Park» von den Dimensionen Zürichs hatte dies nichts zu tun, öffnete aber vielen Menschen erstmals die Augen, was Heroinsucht bedeutet. Der Begriff «Needle-Park» war geboren und wurde dann ab 1989 auf die damals weltweit grösste offene Drogenszene in Zürich übertragen.

30 Einer der ersten grossen Berichte über den «Needle-Park» erschien 1989 in der englischen Zeit-

schrift «The Independent Magazine», gefolgt von Berichten in der «New York Times», der «Washington Post», dem «Wall Street Journal», dem «Figaro», «Le Monde», der «Frankfurter Allgemeinen Zeitung» und in vielen Zeitungen Thailands und Singapurs.

31 Das Zipp-Aids erhielt viele Dankes- und Anerkennungsbeteuerungen und nur ganz wenige Schmähäusserungen. Eine Genugtuung war die Verleihung des Aids-Preises 1990 der Hans Ansmann Stiftung, Universität Düsseldorf, an Zipp-Aids.

32 Brückenpfeiler, Kornhausbrücke.

33 Kontakt- und Anlaufstellen Brunau, Kalkbreite, Oerlikon.

34 Präsident Dr. iur. Wiesendanger.

35 Prof. Uchtenhagen.

36 In Olten, einer Stadt mit 18 000 Einwohnern, wurden bereits Monate vor dem Ende von Zipp-Aids täglich 1200 Spritzen-und-Nadel-Sets umgetauscht.

37 Ein Beispiel unter vielen: Das «Magazin» des «Tages-Anzeigers» und der «Berner Zeitung» widmete unter dem Titel «Tödliches Versagen. 25 Jahre Heroin in Zürich. Chronik eines Skandals» eine ganze Ausgabe der Drogenthematik, ohne dass die liberale Haltung eine Welle von Entrüstung auslöste: «Im Sommer 1994 wurde der Zürcher Letten zum nationalen Notstandsgebiet erklärt, und wer politisch etwas auf sich hielt, kam nicht darum herum, sich in der Fixerszene fotographieren zu lassen. Ein 25jähriger Skandal konnte nicht mehr verdängt werden. Ende der Sechzigerjahre waren die Politiker von einer schweren Verunsicherung heimgesucht worden. Die Jugend rebellierte und begann Rauschgift zu konsumieren. Ein neues Strafgesetz über Betäubungsmittel sollte die Unsitte beenden. Im repressiven Eifer schlugen die Gesetzgeber auf Haschisch los und übersahen das Problem der sich ausbreitenden Heroinsucht. Die Realitätsferne der Parlamente zeigte sich nicht zum letzten Mal. Das Gesetzwerk war ungeeignet für die Behandlung einer Suchtkrankheit, die für immer mehr Menschen tödlich endete. Der Zürcher Letten steht für die Unfähigkeit einer kleinlichen, nachtragenden, bornierten Schweiz und ihrer Politiker, mit der Jugend umzugehen. Einzelne Betroffene haben einen Ausweg aus der Krise gefunden. Ihre Geschichte ist das Gegenstück zum öffentlichen Versagen.» Eugen Sorg, in: Magazin, 3. Dezember 1994.

38 Dieser hielt 1987 in der Psychiatrischen Universitätsklinik in Zürich einen Vortrag.

39 Betäubungsmittelgesetz 1975, erste Lockerung der Opiatabgabe 1983.

40 Allgemeinärzte (Claude Bossy, Anna-Regula Guyer), zwei Psychiater, die Juristin Cornelia Kranich, der EDV-Spezialist Thomas Hauser und der Ökonom Peter Schmid waren daran wesentlich beteiligt. Die medizinische Leitung übernahm später Dr. med. Daniel Meili.

41 2000: Tagesdurchschnitt 460 Personen.

42 Angeregt durch Drogenpioniere wie Robert Hämmig, Bern, und durch eine aktive Gruppe in Neuenburg.

43 Vgl. den Bericht von Annie Mino.

44 In Zürich sind dies das Drop-in Zürich-Nord, die Psychiatrische Universitätsklinik (Zentrum für Abhängigkeitserkrankungen), die Arud-Polikliniken Zokl 1 und 2 und die städtischen Polikliniken Lifeline und Crossline, Stand Februar 2009.

45 Zu drogenpolitischen Themen allein in der Stadt und im Kanton Zürich gab es 1991–2000 elf Interpellationen (zehn Antworten), 44 Anfragen (43 Antworten), vierzehn Postulate, zwei Motionen, neun Fraktionserklärungen und sechs Einzelinitiativen.

46 Die Zürcher Prometheus-Multizentrumsstudie unter Federführung der Abteilung für Infektiologie des Universitätsspitals, des Instituts für Sozial- und Präventivmedizin der Universität Zürich und der Arud Zürich begann ab 1996 in den Zokl-Polikliniken, im Sunne-Egge und im Drop-in.

47 943 Infektionen wurden neu registriert; nur ein Teil der Infektionen führt zur Krankheit.

48 Erfolgte und noch geplante Massnahmen zum Ausbau der Suchtprävention in der Stadt Zürich, Schlussbericht 2008.

49 Medienmitteilung der Stadt Zürich, 22. Mai 2008.

Neue HIV-Infektionen bei Drogenbenützern

Diese gingen gemäss Meldungen an das Bundesamt für Gesundheit weiter zurück. Es betraf 2010 noch ..., 2011 noch ... Drogenkonsumenten..

Hepatitis-Infektionen/Erkrankunen bei Drogenbenützern

Die akute Hepatitis A und B gingen generell und insbesondere bei Drogenbenützern weiter zurück. Die früher bei Drogenkonsumenten weit verbreitete Hepatitis A «Gilb» gehört weitgehend der Vergangenheit an. Die Hepatits-C-Virus-Infektion tritt vor allem als nach Jahren bis Jahrzehnten auftretende Lebererkrankung (chronische Hepatitis, Leberzirrhose und selten Leberkrebs) auf. Auch hier zeigt sich ein Rückgang der Fälle.

Hepatitis-Meldungen (Arzt und Labor) an das Bundesamt für Gesundheit

Jahresperiode	akute Hepatitis A pro Jahr*	%-Anteil Drogenbenützer*
1988–1992	600–940	27 (20–50)
1993–1997	260–680	18 (15–22)
1998–2002	140–360	2 (1–5)
2003–2007	100–190	1 (0–3)
2008–2011	70–130	0

Jahresperiode	akute Hepatitis B pro Jahr*	%-Anteil Drogenbenützer*
1988–1992	320–520	38 (32–50)
1993–1997	190–450	38 (30–42)
1998–2002	130–200	14 (10– 20)
2003–2007	90–110	3 (2– 4)
2008–2011	60–70	2 (1–4)

Jahresperiode	chron. Hepatitis C pro Jahr	%-Anteil Drogenbenützer
1992	892	–
1993-1997	710- 1029	42 (38–48)
1998- 2002	490- 1027	35 (32–40)
2003- 2007	430- 540	29 (26–34)
2008- 2011	290- 350	32 (26–38)

*Die Zahlen sind aus den gesamten Meldungen extrapoliert, wobei bei Mehrfachexpositionen dem Drogenkonsum erste Priorität gegeben wurde.

BIBLIOGRAFIE

TÄTIGKEITSBERICHTE DES ZIPP-AIDS

R. Hornung, P. Grob, W. Fuchs: Das Zürcher Interventions-Pilotprojekt gegen Aids für Drogengefährdete und Drogenabhängige (Zipp-Aids): Ergebnisse und Erfahrungen, 1. Dezember 1988–März 1989. Zusammenfassung publiziert in: Drogenbulletin der Direktion des Gesundheitswesens des Kantons Zürich, 1989; 1.

R. Hornung, W. Fuchs, K. Alvo, A. Studer, L. Pfister, C. Bossy, P. J. Grob: Das Zürcher Interventions-Pilotprojekt gegen Aids für Drogengefährdete und Drogenabhängige (ZIPP-Aids). 2. Zwischenbericht (April bis Ende Juni 1989).

R. Hornung, W. Fuchs, K. Alvo, A. Studer, L. Pfister, C. Bossy, P. J. Grob: Das Zürcher Interventions-Pilotprojekt gegen Aids für Drogengefährdete und Drogenabhängige (ZIPP-Aids). Ergebnisse und Erfahrungen des ersten Betriebsjahres 1989, wiederabgedruckt in: Intercura 1990, S. 4–27.

R. Hornung, W. Fuchs, K. Alvo, K. Studer, L. Pfister, Th. Müller, P. J. Grob: Das Zürcher Interventions-Pilotprojekt gegen Aids für Drogengefährdete und Drogenabhängige (ZIPP-Aids): Zwei Jahre Aids-Prävention am Zürcher Platzspitz (1989–1990).

R. Hornung, W. Fuchs, A. Studer, L. Pfister, A. Kress, P. Grob: Das Zürcher Interventionsprojekt gegen Aids für Drogengefährdete und Drogenabhängige (ZIPP-Aids), Jahresbericht 1991.

W. Fuchs, H. Widler, A. Kress, P. Grob: Das Zürcher Interventionsprojekt gegen Aids für Drogengefährdete und Drogenabhängige (ZIPP-Aids), Jahresbericht 1992 und Abschlussbericht 1993.

FACHPUBLIKATIONEN DES ZIPP-AIDS

GENERELLE ASPEKTE

W. Fuchs:Veränderung der Drogenszene durch HIV-Infektionen in Zürich, in: Wiener Zeitschrift für Suchtforschung 1 (1990), S. 33–37.

P. Grob: Von den Süchten zum Betäubungsmittelgesetz, in: Aids-Infothek (1990), S. 1–3.

W. Fuchs: «Fixerraum Platzspitz» in Zürich, in: Heino Stöver (Hg.): Der tolerierte intravenöse Drogengebrauch in den Angeboten der Drogen- und Aids-Hilfe. Ein Sammelband (Aids-Forum DAH, Bd. 6), Berlin 1991.

W. Fuchs: Drogenpolitik und Drogenbetreuung am Beispiel Schweiz, in: Wiener Zeitschrift für Suchtforschung 3, 44 (1991).

C. Bossi: Das Züricher Interventionsprojekt gegen Aids (ZIPP-Aids), in: Streetcorner 2 (1992), S. 9–16.

P. J. Grob: The Needle Park in Zurich. The story and the lesson to be learned, in: European Journal on Criminal Policy and Research (1993), S. 48–60.

W. J. Fuchs, P. Grob: Harm Reduction in an Open Drug Scene, in: European Addiction Research 1 (1995), S. 106–114.

W. Fuchs, R. Hornung, K. Alvo, Th. Müller, P. Grob, C. Kent, S. Bernasconi: Aids-prevention in the intravenous drug using street scene of Zurich, possibilities and obstacles: two years of a pilot project, in: Giovanni Battista Rossi et al. (Hg.): Science challenging AIDS. Proceedings based on the VIIth International Conference on AIDS, Florence, June 16–21, 1991, Basel 1992, S. 372.

R. Hornung, K. Alvo, W. Fuchs, P. Grob: Lifestyle oriented Aids-prevention and health promotion in the drug subculture, 5th European Health Psychology Society Conference, Lausanne 1991, in: Jean-Pierre Dauwalder (Hg.): Psychology and Promotion of Health (Swiss Monographs in Psychology, Bd. 2), Seattle 1994, S. 35–40.

P. Grob: ZIPP-Aids, Rückblick, Ausblick und ein grosser Dank, in: PULS. Personalzeitung des Universitätsspitals Zürich 6 (1992), S. 2–3.

P. Grob: Testfall ZIPP-Aids, in: Abbot Times 2 (1991), S. 8–13.

R. Hornung, W. Fuchs, K. Alvo, P. Grob: Aids-Prävention bei iv. Drogenbenützern. Ergebnisse eines Pilotprojektes (ZIPP-Aids), in: Dieter Ladewig (Hg.): Folgeschäden und Überlebenshilfe (Drogen und Alkohol), Lausanne 1990, S. 43–52.

VIROEPIDEMIOLOGISCH UND MEDIZINISCH ORIENTIERTE PUBLIKATIONEN

W. Fuchs, P. Grob, S. Röhrig: HIV-Infektionen bei Drogenabhängigen der Gassenszene Zürichs, in: Dieter Ladewig (Hg.): Folgeschäden und Überlebenshilfe (Drogen und Alkohol), Lausanne 1990, S. 34–42.

S. Röhrig, P. J. Grob: Infektionen mit den Hepatitisviren HAV, HBV und HCV sowie mit dem Aidsvirus HIV bei Drogenabhängigen der Gassenszene Zürichs – eine Prävalenzstudie, in: Schweizerische medizinische Wochenschrift 120, 17 (1990), S. 621–629.

Th. Scheitlin, H. I. Joller-Jemelka, P. J. Grob: Hepatitis und HIV-Infektionen bei Benützern und Benützerinnen illegaler Drogen, in: Schweizerische medizinische Wochenschrift 122, 39 (1992), S. 1432–1445.

Th. Müller, P. J. Grob: Medizinische und soziale Aspekte der offenen Drogenszene Platzspitz in Zürich 1991 (Befragung von 758 DrogenkonsumentInnen), in: Bulletin des Bundesamtes für Gesundheitswesen 44 (1992), S. 717–722.

K. Alvo, R. Hornung, A. Tschopp, W. Fuchs, N. Schaub: Intravenöser Dogenkonsum und Aidsprävention. Ergebnisse einer Befragung von 223 DrogenbenutzerInnen am Zürcher Platzspitz, Zürich 1991.

DISSERTATIONEN (LEITUNG P. GROB)

Künzler, Hans Peter: Analyse der offenen Drogenszene «Platzspitz» in Zürich. Sozioökonomische und medizinische Aspekte, Diss. med. Universität Zürich, Zürich 1993.

Hepp, Urs Georg: I.v.-Drogenkonsum und Infektionen mit dem Aids-Virus HIV und den Hepatitisviren HBV und HCV. Risikoverhalten junger Drogenkonsumentinnen und und Drogenkonsumenten der offenen Zürcher Drogenszene, Diss. med. Universität Zürich, Zürich 1993.

Lipp, Peter: Spritzenabszess bei i.v. Drogenbenützern, Diss. med. Universität Zürich, Zürich 1995.

Müller-Widmer, Thomas: Partnerschafts- und Sexualverhalten von Konsumierenden illegaler Drogen. Eine repräsentative Befragung von 654 Personen der «offenen» Drogenszene in Zürich, Diss. med. Universität Zürich, Zürich 1993.

Siegemund, Monika: Virale Durchseuchung mit HIV und den Hepatitisviren A, B, und C bei Benützern illegaler Drogen auf dem Platzspitz, Zürich 1990 (Vergleich mit einer analogen Studie 1989), Diss. med. Universität Zürich, Zürich 1995.

Studer, Rolf: Häufigkeit von Spritzenabszessen/Phlegmonen bei DrogenbenützerInnen im Kanton Zürich, Diss. med. Universität Zürich, Zürich 1996.

GENERELLE FACHPUBLIKATIONEN BETREFFEND HBV, HCV, HIV

Joanne Csete, Peter J. Grob: Switzerland, HIV and the power of pragmatism: Lessons for drug policy development, in: International Journal of Drug Policy (Januar 2012), 23 (1), S. 82–86.

P. J. Grob: Zur HIV-Epidemie in der Schweiz, in: Bulletin des Bundesamtes für Gesundheitswesen 40 (1983), S. 712–727.

A. Uchtenhagen: Aids-Epidemiologie und Prävention bei iv. Drogenabhängigen, in: Sozial- und Präventivmedizin 33 (1988), S. 326–330.

U. Widmer, A. Villaverde, P. Grob: Hepatitisepidemiologie 1977–1979, in: Schweizerische medizinische Wochenschrift 110 (1980), S. 930–937 und 978–984.

P. Grob, H. Joller-Jemelka: Hepatitis-C-Virus, in: Schweizerische medizinische Wochenschrift 120, 5 (1990), S. 117–124.

P. J. Grob, M. Rickenbach, R. Steffen: übersetzt: Hepatitis-B-Pilotimpfstudie von Risikogruppen im Kanton Zürich, Erste Erfahrungen 1980, in: European Journal of Clinical Microbiology and infectious diseases 2 (1983), S. 309.

P. J. Grob, R. Steffen, H. I. Joller-Jemelka, W. Fierz, A. Tschopp, C. Schneider: Hepatitis B vaccination campaign of Zurich. Clinical consequences and booster strategy, in: P. Coursaget, M. J. Tong (Hg.): Progress in Hepatitis B Immunization, Colloque INSERM 194 (1990), S. 437–445.

R. Steffen, A. Tschopp, Ch. Wild, R. Wild, P. J. Grob, H. I. Joller-Jemelka: Zweite Hepatitis-B-Impfaktion beim Medizinalpersonal des Kantons Zürich 1987/88, in: Bulletin des Bundesamtes für Gesundheitswesen 3 (1991), S. 33–40.

P. J. Grob, H. I. Joller-Jemelka, R. Steffen, F. Gutzwiller: Acute viral hepatitis 5 years after start of the vaccination campaign in Zürich, in: The Lancet (1988), S. 402.

U. Blumer, M. Schär, P. J. Grob: Gassenimpfung, in: Sozial- und Präventivmedizin 29 (1984), S. 187–188.

Schweizerische Arbeitsgruppe für virale Hepatitis (SEVHEP), in: Infektionskrankheiten. Diagnose und Bekämpfung, Kapitel I, Supplementum II, Bundesamt für Gesundheitswesen, Bern, April 1989.

Bundesamt für Gesundheitswesen, Schweizerische Arbeitsgruppe für virale Hepatitis (SEVHEP), Fachgruppe für Impffragen, Supplementum II, Kapitel 1, 1996.

Swiss Association for the Study of the Liver, Schweizerische Expertengruppe für virale Hepatitis, Schweizerische Gesellschaft für Gastroenterologie und Hepatologie, in: Schweizerische Ärztezeitung 77, 43 (1996), S. 1744.

Entwicklung des Konsums und Risikoverhaltens bezüglich HIV- und HCV-Übertragung bei Drogen injizierenden Personen in der Schweiz, 1993–2006, Bulletin Bundesamt für Gesundheit 45/2007.

METHADON- UND HEROINSUBSTITUTION

A. Seidenberg: Enthaltsamkeit kann nicht oberstes Therapieziel sein, in: Soziale Medizin 12 (1986), S. 5–7.

A. Seidenberg: Drogenpolitik/Aidspolitik, in: Schweizerische Ärztezeitung 68 (1987), S. 171.

C. Bossy, T. Estermann, C. Frey, F. Hählen, R. Hämmig, G. Koepfler, M. Schaub, A. Seidenberg, T. Steck, V. Venzin, 1991: Randomisierter Versuch der diversifizierten Drogenverschreibung und Drogenabgabe, Verein Schweizerischer Drogenfachleute (VSD), Manuskript, Januar 1991.

Internet Portal: Departement des Innern, Bundesamt für Gesundheit, Drogen, Methadonsubstitution, Heroinsubstitution.

J. Rehm, A. Uchtenhagen, unter Mitarbeit Daniela Dombrowski: Metaanalyse schweizerischer Arbeiten zu Verwendung von Methadon als Substitutionsmittel bei der Behandlung von Opioidabhängigkeit. Ergebnisbericht zuhanden des Bundesamtes für Gesundheit und der Projektgruppe «Nationale Substitutionskonferenz 2001».

A. Uchtenhagen, A. Dobler-Mikola, R. Steffen, F. Gutzwiller, R. Blättler: Betäubungsmittelverschreibung an Heroinabhängige; Auswertung der Ergebnisse, in: S. Pfeiffer (Hg.): Basel: Karger, 2000, S. 115–118.

P. Gschwend, S. Eschmann, S. Lezzi, F. Gutzwiller, J. Rehm, T. Steffen, A. Uchtenhagen: Aufbau eines Behandlungsmonitoring für die Heroin-gestützte Behandlung, in: eds. Bern: Bundesamt für Gesundheit 2005, S. 109–112.

M. Gehrlich, A. Uchtenhagen: Von sauberen Spritzen zur Heroinabgabe. Veränderungen im schweizerischen Drogenhilfssystem als Reaktion auf die Pandemie, in: eds. Baden 2005, S. 120–128.

J. Rehm, P. Gschwend, R. Steffen, F. Gutzwiller, A. Dobler-Mikola, A. Uchtenhagen: Die heroingestützte Behandlung in der Schweiz. Machbarkeit, Sicherheit und Wirksamkeit, in: eds. Bern: Bundesamt für Gesundheit, 2005, S. 84–88.

J. Rehm, B. Fischer, M. Krausz, P. Gschwend, A. Uchtenhagen: Heroin prescription for opoid opioid addicts, in: The Lancet (2006), S. 890.

D. Meili: Vom Zürcher Platzspitz zur Heroinverschreibung – oder die progressive Drogenpolitik der Schweiz, in: Suchttherapie, 8. November 2007, S. 50–56.

QUELLEN BETREFFEND DIE DROGENGESCHICHTE ZÜRICHS

Joachim Scharloth, Angelika Linke (Hg.): Der Zürcher Sommer 1968. Zwischen Krawallen, Utopie, Bürgersinn, Zürich 2008.

Heinz Nigg (Hg.): «Wir wollen alles, und zwar subito». Die achtziger Unruhen in der Schweiz und ihre Folgen, Zürich 2001.

Marc 26, Aids. Wie junge Aidskranke bei uns abgeschoben, vernachlässigt und verdrängt werden, unter anderem Bericht über die Fixer Mark und Marco, mit Beiträgen von René Bortolani, Stadtarzt Albert Wettstein, Annabell, Dr. Alfred Studer, in: Schweizer Illustrierte, Nr. 12, 21. März 1988.

Gertrud Vogler (Fotografie) und Chris Bänziger (Text): Nur saubergekämmt sind wir frei. Drogen und Politik in Zürich, Zürich 1990.

Am Ziel? Chronik eines verlorenen Kampfes, in: Drogenpolitik auf Irrwegen, NZZ-Folio 4 (1992).

Afra Weidmann: Rondell. Texte aus der Nähe, Zürich 1990.

A. Heller, Lilli Binzegger: Drogenpolitik auf Irrwegen, NZZ-Folio 4 (1992).

H. Knolle: Dynamik der Drogenszene in der Schweiz 1977–1990, in: Sozial- und Präventivmedizin 41, 3 (1996)

Rosann Waldvogel: Zehn Jahre ambulante Drogenhilfe, Sozialdepartement der Stadt Zürich (internes Buch).

Thomas Widmer (Hg.): Zürcher Politik- und Evaluationsstudien, Zürich: Institut für Politikwissenschaft, Forschungsbereich Policy-Analyse & Evaluation.

Massnahmenpaket Drogenpolitische Veränderungen, Fallstudien 1991–2000.

Bundesamt für Statistik, Informationsdienst Gesundheit, Neuenburg

Schweizerisches Sozialarchiv, Presseberichte Drogen 1988–1992: SOZARCH 64.4 ZA 4; Zürcher Manifest: SOZARCH 201.281.1; Drogencharta, Tagungen: SOZARCH 2A 64.4 ZA 2.

Geschichte der Suchtpräventionsstelle der Stadt Zürich, www. stadt-zuerich.ch/suchtprävention.

DANK

Ohne die grosse redaktionelle Mithilfe der auf dem Platzspitz tätigen Verantwortlichen des Zürcher Interventions-Pilotprojekts für Drogenabhängige gegen Aids (Zipp-Aids) und deren Trägerinstitutionen wäre dieses Buch nie zustande gekommen. Dasselbe gilt für die Unterstützung durch die Arud Zürich und deren ehemaligen Chefarzt Dr. Meili. Die finanzielle Unterstützung dieser Institutionen ermöglichte die Drucklegung. Mit Gertrud Vogler konnte die beste Photographin der Zürcher Drogenszene zur Mitarbeit gewonnen werden, kam eine bildliche Dokumentation hinzu, die ein grosses persönliches Engagement verlangt hatte.
Grosser Dank gebührt für die jahrzehntelange Tätigkeit in der Drogenhilfe: dem Bundesamt für Gesundheit, dem Gesundheits- und dem Sozialdepartement der Stadt Zürich, dem Schweizerischen Roten Kreuz Kanton Zürich, vielen Institutionen der Universität Zürich und des Universitätsspitals, den vielen privaten Organisationen und allen ÄrztInnen, Schwestern, Pflegern, Drogenfachleuten und Privatpersonen, die sich in der Drogenhilfe engagiert haben und sich auch weiterhin engagieren.